AF287289

Hans-Wolfgang Nickel

REGIE:

THEMA UND KONZEPT

Schibri-Verlag   Berlin • Milow • Strasburg

2. Auflage © 2009 by Schibri-Verlag
Dorfstraße 60
17337 Uckerland OT Milow
email: Schibri-Verlag@t-online.de
http://www.schibri.de

Umschlagestaltung: Arite Nowak, Strasburg (Um.)

ISBN 3-937895-07-8

INHALT

1. EINLEITUNG

Eine Inszenierung im Schul- und Amateurtheater lässt sich nicht am Schreibtisch ausdenken; Regie kann man nicht aus Büchern lernen. Die hier vorliegende Materialsammlung ist also für den Praktiker gedacht, der Anregungen sucht, für LehrerInnen, die ihre Schüler in die Regie-Arbeit einführen, für SpielleiterInnen, die über ihr Handwerk nachdenken und ihr Repertoire erweitern wollen.

Einem Regie-"Anfänger" kann ein Regie-Buch nur sehr begrenzt helfen. Er sollte lieber zuschauen, wie eine erfahrene Spielleiterin mit Schülern arbeitet, eine Regie-Werkstatt besuchen oder seine SpielerInnen kleine Improvisationen mit einer leicht variierten Aufgabenstellung wiederholen lassen und die entstandenen „Szenen", evtl. mit einem Kommentar, zu einer unaufwendigen Szenenfolge für MitschülerInnen oder Eltern zusammenstellen – also aus der lebendigen Erfahrung lernen, wie Theater vor einem Publikum wirkt.

Zudem hat die hier vorliegende Veröffentlichung nicht den Anspruch, Regie umfassend darzustellen[1]. Mit der Akzentuierung von **Thema und Konzept** grenzt sie sich ab von Aufführungen, die sich gleichsam naturwüchsig zusammenfinden; sie zielt auf Inszenierungen, die bewusst und überlegt mit einem bestimmten Gestaltungswillen, einer Aussage, einem Ziel entwickelt, erarbeitet werden. Dafür ist ein Konzept unabdingbar, dafür muss geklärt werden, welches Thema, welche Themen in der Aufführung zur Sprache kommen (sollen). Ein **Konzept** kann am Anfang der Regiearbeit stehen (und wird dann wahrscheinlich im Lauf der Arbeit verändert), es kann nach einer Reihe von Versuchen und Improvisationen das Ergebnis dieser Versuche zusammenfassen; es kann auch erst kurz vor der Premiere als eine letzte Überarbeitung und Formgebung erfolgen. Es soll die Inszenierung nicht erdrücken oder austrocknen, sondern schärfer, klarer, entschiedener machen – oder auch, je nach Konzept, bewusst in einem Schwebezustand halten. Dabei bezieht sich Konzept eher auf einen vorhandenen Text; ein **Thema** kann auch unabhängig von einem vorliegenden Text gegeben oder gewählt werden und führt dann oft zu einer Eigenproduktion. Für viele Schul-, Jugend- und Amateurgruppen ist das Thema dann ein gern gewählter Ausgangspunkt, wenn es so reizvoll und brennend oder notwendig erscheint, dass es zur Bearbeitung verlockt. Steht das Thema nicht am Anfang, so wird es im Verlauf der Arbeit wichtig: Eine Theatergruppe kann es (kann „ihr" Thema) in einem schon vorhandenen Theatertext finden oder zu dem gewünschten Thema einen Text suchen; Gruppe oder Spielleiter können eine besondere Geschichte spielen wollen und darin das Thema, ein Thema, entdecken. Schließlich berührt ein Theaterstück (eine Aufführung) viele Themen, kann sich aber auch auf ein (Haupt)-Thema konzentrieren. Jedenfalls lässt sich schwerlich eine Inszenierung erarbeiten, ohne dass sich die SpielerInnen Rechenschaft geben über das Thema (oder die Themen), die dabei behandelt werden

---

1 Nur am Rande behandelt werden die Themen „Regie als Spiel(erbeg)leitung", d.h. die Arbeit an der „Rolle" und „Regie als Formgebung für ein Publikum".

(sollen). Wie das geschieht, wie ein Thema gesucht und bearbeitet wird, gehört mit zu den Aufgaben der Regisseurin, des Spielleiters.

Konzept und Thema sind einander ergänzende Begriffe, keine Gegensätze! Bei der Erarbeitung eines Inszenierungskonzeptes für das Stück eines Autors muss auch geklärt werden, welches Thema (welche Themen) behandelt werden (sollen). Umgekehrt gilt: wird zu einem Thema gearbeitet, muss spätestens im Lauf der Arbeit gefragt werden, welches Konzept die Gruppe realisieren will. Beide Begriffe akzentuieren die „intellektuelle" Seite des Theaters. Im Schul- und Amateurtheater sind sie Aufgabe der Gruppe insgesamt (insbesondere freilich des Spielleiters). Beim professionellen Theater mit weit getriebener Arbeitsteiligkeit gehören sie zu den Aufgaben des Dramaturgen; freilich bedenken viele professionelle Regisseure die dramaturgischen Aufgaben mit oder arbeiten über Jahre hinaus eng mit einem speziellen Dramaturgen zusammen. Bei freien Theatergruppen gehört die Arbeit an Konzept und Thema eher zu den Gemeinschaftsaufgaben. Die vorliegende Veröffentlichung hat ihren Schwerpunkt also in der reflektierend-intellektuellen Theaterarbeit; sie verfolgt zugleich das Ziel, **Begriffe** zu klären – allerdings NICHT, um eine einheitliche Terminologie zu etablieren (das dürfte in diesem Bereich kaum mehr möglich sein!), sondern um Begriffe als Werkzeug für das Verständnis von Texten, von Theater und Spielleitung, letztlich von „Welt" zur Verfügung zu stellen, um überdies zum Verständnis von dramaturgischen und poetologischen Begriffen auch in anderen Texten beizutragen.

Die Teile A bis C gehen von vorhandenen Texten aus, zu denen ein **Konzept** erarbeitet werden soll; die Teile D und E beschreiben und analysieren **Wege** zu einem eigenen Stück: ausgehend von einer Einigung auf ein Thema wird ein eigener Text entwickelt (oder nach einem passenden Text gesucht). Die Darstellung pendelt zwischen Konkretisierungen und Abstraktionen; sie macht damit Aufgabenstellung und Arbeitsweise der Spiel- und Theaterpädagogik deutlich: wechselnd zwischen reflektierend-intellektueller und konkret-gestaltender Arbeit. In allen Kapiteln gibt es demnach Spiele, Übungen und Erläuterungen für die praktische Arbeit mit Spielgruppen; sie sind jeweils am Rand durch ein ▶ kenntlich gemacht. Das Material dazu stammt aus vier LISA-Werkstätten (1996 bis 1999)[2], aus einer Regieübung an der Hochschule der Künste Berlin, aus Aufführungen des hessisch-thüringischen Modellversuchs „Herkommen-Hingehören"[3].

Zu danken habe ich demnach den TeilnehmerInnen dieser Werkstätten für ihre Fragen und Anregungen. Dank darüber hinaus an Dagmar Dörger, Ulrich Mittelstädt, Antonios Lenakakis, Ute Pinkert, die zumindest Teile des Manuskripts kritisch durchsahen und wertvolle Hinweise gaben.

---

2   LISA = Landesinstitut für Schule und Ausbildung Mecklenburg-Vorpommern; Organisation der
     Werkstätten: Annette Paduck, Spielleitung: Hans-Wolfgang Nickel. Bei LISA erschien 2001 un-
     ter „Anregungen zum Darstellenden Spiel" eine erste Fassung von „Regie und Regie-Konzept"
3   Zum Modellversuch „Herkommen – Hingehören" vergl. Fußnote 40

A

KONZEPT

Hypothesen sind Gerüste, die man vor dem Gebäude aufführt und die man abträgt, wenn das Gebäude fertig ist. Sie sind dem Arbeiter unentbehrlich; nur muß er das Gerüste nicht für das Gebäude ansehn.

Goethe, Maximen und Reflexionen 1222

2. REGIE UND KONZEPT – EINE SPIELERISCHE ANNÄHERUNG

Die Tätigkeit des Regie-Führens wie die des Spiele-Leitens kennt vielerlei Formen, Stile, Konkretisierungen. Will der Lehrer-Spielleiter bewusst und kontrolliert arbeiten, ist es wichtig, den eigenen Stil zu erkennen, ihn zu überprüfen, ihn zu entwickeln und anzureichern.

Schüler sollten den Begriff „Regie" nicht nur durch die Tätigkeit ihrer Lehrerin kennen lernen, sondern auch selbst Regie(teil)aufgaben übernehmen und ihre vorhandenen, aber vagen Begriffe von Regie klären. Das kann auch durch eine spielerische Annäherung geschehen.

▶ Ein **Bild** finden für den Begriff „Regie". Zu zweit. Kurze Vorbereitung, dann den anderen das Ergebnis zeigen.

Ergebnisse: *Ein vorsichtiges Ziehen; ein klares, knappes Dirigieren; ein teils fröhlich-freies, teils unbequem-belastendes Zusammenspiel ...*

Für spielerische „Regie"-Erfahrungen eignen sich Spiele und Übungen aus dem Bereich **Führen-Folgen**:

▶ A soll nonverbale Impulse geben, B soll die Impulse umsetzen; B soll nur über Geräusche führen; Umsetzungen sollen im Stil „Theater", im Stil „Tanz" erfolgen (jeweils zu zweit, häufiger Partnerwechsel, um unterschiedliche Erfahrungen zu ermöglichen).

▶ A führt B mit seiner Handfläche (Kopf von B und Handfläche von A sollen stets gleichen Abstand und gleiche Stellung zueinander haben). A führt zwei Personen gleichzeitig. A und B führen sich gegenseitig mit ihrer Handfläche (ein stark interdependentes Interaktionsgefüge – die Spieler merken schnell, wie sehr sie voneinander abhängig sind).

Variation: Alle „Führenden" führen ihre Partner gleichzeitig von außen über Geräusche; die Spielenden können zusätzlich Impulse von ihren Mitspielerinnen und von anderen „Führenden" aufnehmen.

Auch die wohlbekannte „Spiegelpantomime" kann als Modell des „Regierens" verstanden werden: eine einfache Spielregel, die eine klare Ausführung erlaubt, dem „Geführten" allerdings kaum Freiheit zur Umsetzung belässt (und daher eher ein „diktatorisches" Verhältnis etabliert).

Der Spielleiter kann jedoch bewusst **Variationen** anregen, die B größere Freiheit geben:

▶ Vergrößerungs-, **Grotesk**spiegel (B übertreibt die Impulse von A, vergrößert sie, treibt sie in die Groteske); gemeinsam geführte Spiegelpantomime (es gibt, möglichst!, KEINEN Unterschied mehr zwischen Führen und Folgen); Tanzpuppe (A gibt durch leichte Berührungen knappe körperliche Impulse, B setzt sie frei in Tanzbewegungen um) usw.

▶ Gemeinsam ein **Bild bauen** zu „Regisseur". Auf der freien Spielfläche steht ein Stuhl. Dieser Stuhl repräsentiert den Regisseur. Was gibt es um diesen Regisseur herum, in seinem Kopf, in seiner Nähe? Das ist zunächst eine sehr offene Aufgabe; Gedanken des Regisseurs, Gegenstände wie Personen, mit denen er umgeht, Gefühle des Regisseurs und anderes sind als Antworten möglich. Wichtig ist, dass die Antworten nicht einfach genannt, sondern dargestellt (im wörtlichen Sinn: mit Hilfe des eigenen Körpers auf die Bühne gestellt, dabei „ausgedrückt") werden[4].

Weiterführung 1: Nachdem eine der Teilnehmerinnen eine Schauspielerin zum Regisseur gestellt hatte, sollte die Gruppe unterschiedliche Wünsche, Ansichten, Forderungen, Typen von SchauspielerInnen darstellen; ebenso nach der Nennung „Zuschauer" unterschiedliche Ansichten von Zuschauern.

Weiterführung 2: Das von den Spielerinnen angebotene Material strukturieren und ordnen – z.b. nur die Realität des hoch differenzierten arbeitsteiligen professionellen Theaters, d.h. die Interaktionspartner des Regisseurs darstellen (ein Beitrag zur Sachkunde Theater) oder die innere, emotionale Ebene dieser Beziehungen, das Spannungsgefüge herausarbeiten; Ideal und Wirklichkeit, Berufliches und Privates einander gegenüberstellen usw.

Weiterführung 3: Dar-Stellung einer Biografie: Die Entwicklung eines Regisseurs zeigen vom Kind bis zum Erwachsenen. Wie er z.b. abhängig wurde von Lob/Bewunderung, weil die kleine Schwester ihm die Beachtung entzog. Oder wie er zum Tyrannen wurde, zum Helfer in schwierigen Situationen usw. Bitte beachten: diese Themen NICHT vorgeben, sondern von der Spielgruppe finden und entwickeln lassen. Dann erst ordnen und besprechen.

Weiterführung 4: Der Schauspieler und seine Rolle. Ihre Forderungen, seine Abhängigkeiten. Wie wirken z.b. Zuwendung/Abwendung, Missachtung und NICHT-Beachtung auf der Bühne sich auf den Darsteller aus.

Variation: Stellt die Beziehung Schauspieler-Regisseur, die Beziehung Zuschauer-Regisseur dar. Auch als Aufgabe für Kleingruppen möglich, die ihre Lösung zunächst beraten und dann erst vorstellen.

Ähnlich spielerisch können wir den Konzeptbegriff klären.

▶ **Konzept** im Alltag: Wir analysieren das Konzept eines Frühstücks-Buffets (Intention: Gäste sollen sich wohl fühlen, deshalb ästhetischer Aufbau: optisch-symme-

---

4 „Ich bin ein Baum" heißt die Grundform dieses Spiels. Der erste Spieler begibt sich in die Mitte des Spielraums, sagt deutlich: „Ich bin ein Baum" und stellt sich als Baum in Positur. Nacheinander folgen weitere Spielerinnen und vervollständigen das Bild: sie benennen, was sie darstellen wollen, und nehmen eine geeignete, ausdrucksvolle Haltung an.
Gewöhnlich entsteht ein Natur-Bild, oft auch mit Menschen (Spaziergänger, Wanderer), das in vielerlei Richtungen hin weitergeführt werden kann.
Andere Ansätze wie „Ich bin eine Straßenlaterne" oder „Ich bin eine Mülltonne" führen eher zu Stadt- oder Hinterhofbildern; „Ich bin eine Schatztruhe" entwickelt sich wahrscheinlich zu einer Abenteuergeschichte.
Das Spiel kann auch im Kreis gespielt werden. Wird es im Zusammenhang mit Theater eingesetzt, so empfiehlt sich ein offener Halbkreis (die Zuschauer) mit einer freien Spielfläche vor dem Halbkreis (die Bühne).

trisch; oder „chronologischer" Aufbau: vom Müsli bis zur Wurst); wir entwerfen das Konzept eines Geburtstagskaffees, eines Bewerbungsgesprächs; eines Geburtstagskaffees mit „Hintergedanken" (Stanislawskis Untertext – die Gastgeberin will andere ausstechen).

Wir überlegen: Für welche Situationen haben wir ein „Konzept", wann handeln wir aus Gewohnheit (also nach einem etablierten, nicht mehr problematisierten Plan), wann handeln wir planlos?

Das Thema eignet sich für ein Gespräch in der Gesamtgruppe; es können auch Bilder dazu gebaut oder Szenen entwickelt werden.

Spielerische Annäherungen dieser Art sind geeignet, Begriffe sinnlich erfahrbar zu machen; es wird also nicht einfach eine Definition „gelernt". Freilich sollte die lebendige Erfahrung dann auch begrifflich gefiltert werden (z.B. durch Nachschlagen in Wörterbüchern; vergl. Kap. 4). Ehe ich jedoch das spezielle Thema „Regie und Regie-Konzept" detaillierter behandle, möchte ich eine allgemeine Grundbestimmung von Spielleitung erläutern.

3. EIN ZWISCHENKAPITEL DIDAKTIK

Die Aufgabenstellung eines Spielleiters bezeichne ich mit einem allgemeinen Begriff als Intervention[5]. Eine solche Intervention beruht auf einer Analyse der Situation (Zustand A). Der Spielleiter formuliert daraufhin eine Aufgabe (eine Spielregel) und überführt damit den Zustand A in einen neuen Zustand B (der natürlich nicht immer der vom Spielleiter intendierte ist!).

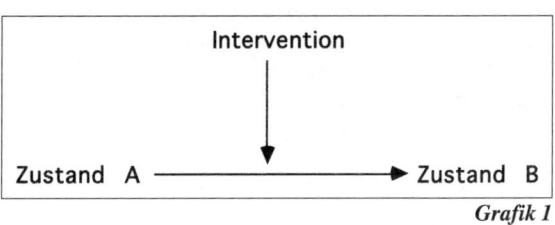

Grafik 1

Eine Spielstunde kann demnach als eine Abfolge von Interventionen des Spielleiters und darauf folgenden Reaktionen der Spielgruppe angesehen werden, als ein „Spiel" von Fragen (Interventionen) und Antworten (Lösungen der Aufgaben) – besser noch als ein lebendiger Dialog[6] zwischen Spielgruppe und Spielleiterin, bei dem alle Dialogpartner Antworten geben, Fragen stellen, weiterführende Positionen einnehmen, neue Probleme aufwerfen.

---

5 Von lat. intervenio: dazwischenkommen; einschreiten, sich einmischen; unterbrechen, stören (!), hindern, aufhalten.

6 Watzlawick spricht in diesem Zusammenhang von der „Kreisförmigkeit der Kommunikationsabläufe" (Watzlawick, Beavin, Jackson: Menschliche Kommunikation. Formen, Störungen, Paradoxien. Bern, Stuttgart, Wien: Huber 1982, S. 47)

Dieses Gesprächs-Verhältnis versucht die folgende Grafik zu formulieren. Sie weist die notwendigen Analysen der jeweiligen Situation dem Spielleiter, der Spielleiterin zu; je weiter die Spielgruppe ist, umso mehr wird auch sie an Analysen (wo stehen wir jetzt?) und Planungen (was kommt als nächstes?) beteiligt; sie entwirft also ihre eigenen „Interventionen".

Grafik 2

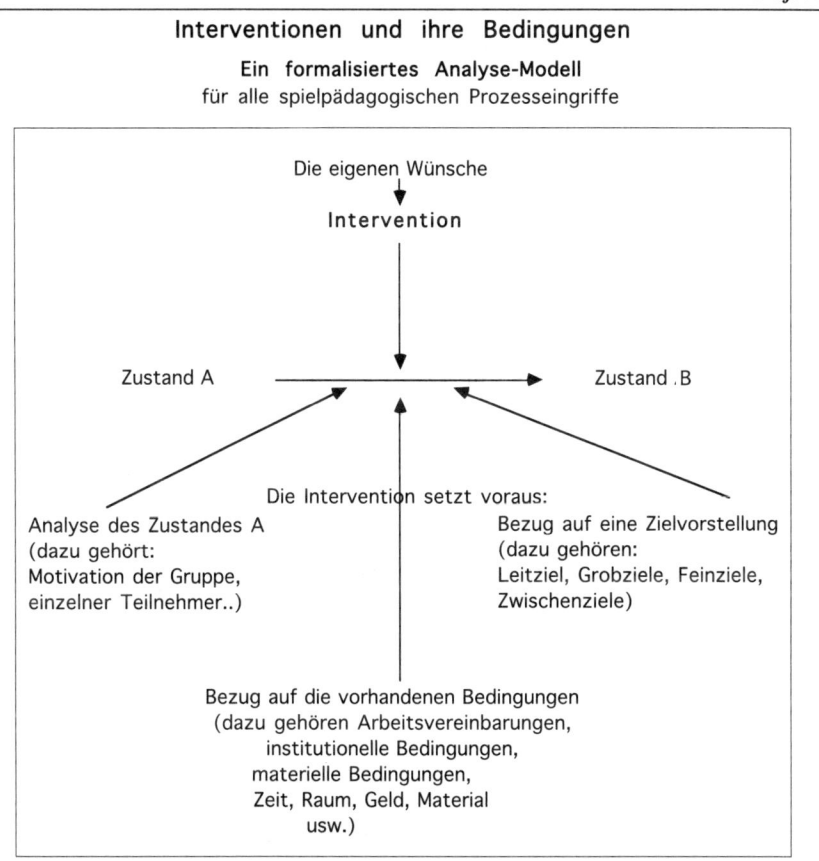

Interventionen und ihre Bedingungen

Ein formalisiertes Analyse-Modell
für alle spielpädagogischen Prozesseingriffe

Die eigenen Wünsche

Intervention

Zustand A   Zustand .B

Die Intervention setzt voraus:

Analyse des Zustandes A
(dazu gehört:
Motivation der Gruppe,
einzelner Teilnehmer..)

Bezug auf eine Zielvorstellung
(dazu gehören:
Leitziel, Grobziele, Feinziele,
Zwischenziele)

Bezug auf die vorhandenen Bedingungen
(dazu gehören Arbeitsvereinbarungen,
institutionelle Bedingungen,
materielle Bedingungen,
Zeit, Raum, Geld, Material
usw.)

Entscheidungen für eine Intervention erfolgen oft sehr schnell und spontan, dann meist intuitiv. Sie beziehen sich auf einen kurzen Moment (d.h. als Eingriff in einen laufenden Prozess während einer Spielstunde oder Probe) oder sie umfassen eine in Ruhe und abseits der Spielgruppe (am Schreibtisch) gefällte Entscheidung für ein umfassendes Projekt; dann sind sie eher reiflich überlegt und "rational", zumindest bewusst(er) geplant.

Kommentar zur Grafik „Intervention"

Wenn der Spielleiter sich zu Hause auf die Spielstunde vorbereitet, so geht es um eine distanzierte, umfassende Vergewisserung, also um **Denken (Theorie)**, das Vorbereitung für späteres **Handeln (Praxis)** ist.

„Mit Gedanken, die nicht aus der tätigen Natur entsprungen sind und nicht wieder aufs tätige Leben wohltätig hinwirken und so in einem mit dem jedesmaligen Lebenszustand übereinstimmenden mannigfaltigen Wechsel unaufhörlich entstehen und sich auflösen, ist der Welt wenig geholfen." So formuliert Goethe in seinen Maximen und Reflexionen (Nr. 921) das Verhältnis zwischen Theorie und Praxis. „... *in mannigfaltigem Wechsel unaufhörlich entstehen und sich auflösen"* – es geht also um ein eminent dynamisches System, das auch nur als dynamisches von Qualität ist!

Zwischen Denken und Handeln liegt die **Entscheidung**: sie kann intuitiv erfolgen (und muss das häufig unter dem Anspruch des Alltags), sie kann sorgfältig vorbereitet sein (und sollte das unter dem Anspruch der Professionalität, der Verantwortung).–

Das Handeln des Spielleiters / der Spielleiterin in der Spiel- und Theaterpädagogik nenne ich **Intervention**; die Intervention kann in der Mitteilung einer neuen Spielregel bestehen, einem bloßen Bestätigen eines Ablaufs („Prima!"), einer Aufforderung zu einer leichten Variation („Und schneller!"). In jedem Fall wird

> der **Zustand A** (der Spielgruppe, des Spielers)
> durch die **Intervention** (des Spielleiters)
> in einen **Zustand B** überführt.

Spielleiter sind jedoch nicht die einzigen, die intervenieren; jede Mitspielerin, jeder Anwesende tut das. Der Spielleiter gibt aber die „mächtigeren", die „bestimmenden" Interventionen aus einer institutionalisierten Machtposition heraus – und er gibt auf die Gruppe bezogene, vielfache Interessen berücksichtigende Interventionen (das sollte er zumindest!). Seine Interventionen beruhen auf Analyse und Intuition, auch auf Gewohnheit, Programm, Vorschrift, Bequemlichkeit, Unwissenheit; er versucht (oder sollte versuchen), die Intentionen und Interventionen der SpielerInnen aufzunehmen, zu integrieren.

Dabei soll die Grafik keine strenge Ursache-Wirkungs-Kette suggerieren; die Ereignisse überlagern einander. Was im konkreten Fall Intervention, was Reiz, was Reaktion ist, wird von den Beteiligten verschiedenartig erlebt; die Abfolge der Ereignisse, ihre **Interpunktion**, wird von den Teilnehmenden unterschiedlich vorgenommen. Diese subjektive Interpunktion der Ereignisfolge wurde von Bateson und Jackson herausgearbeitet; sie wiesen darauf hin, dass in der menschlichen Kommunikation jedes Ereignis *„gleichzeitig Reiz, Reaktion und Verstärkung ist"*, dass die Interaktionsteilnehmer *„zwischen sich Beziehungsstrukturen herstellen"*, sich gleichsam *„Regeln für wechselseitige Verhaltensverstärkungen geben"*[7]. Die Spielgruppe befindet sich also innerhalb eines Ereignisgeflechtes; die Forderung, dass die Spielleiterin zunächst den Zustand A analysiert, daraufhin erst eine Intervention konzipiert, kann auch so „interpunktiert" werden, dass die Spielgruppe den entscheidenden Impuls gibt, also den „Reiz" (durch ihren Zustand A), der Spielleiter dann mit seiner Intervention „reagiert". Oder, wie oben formuliert wurde: Ziel ist ein lebendiger Dialog zwischen Spielgruppe und Spielleiterin, bei dem alle Dialogpartner Antworten geben, Fragen stellen, weiterführende Positionen einnehmen, neue Probleme aufwerfen, bei dem also jedes Interaktionsereignis zugleich Reiz, Reaktion und Verstärkung ist.

Überdies bleibt die **Autonomie** des Subjekts, gerade im Spiel, erhalten: in einer Bewegungsübung kann der Spieler, kann die Spielerin für sich eine Fantasiereise machen, sie kann in einer Fantasiereise einschlafen, sich in einer Entspannungsübung aufregen, statt eines emotionalen Ausdrucks eine Bewegungsübung zeigen ... usw. Genau dies aber sollte die Spielleiterin be(ob)achten, um ihre weiteren Interventionen darauf einstellen zu können.

Interventionen sind also Angebote an SpielerInnen und Spielgruppe; weil sie beim Spiel (normalerweise) umgehend in ablesbare Äußerungen (den Zustand B) übersetzt werden, ergibt sich meist sehr schnell eine **Rückmeldung**, wie die Interventionen von der Spielgruppe aufgenommen und umgesetzt wurden; diese Rückmeldungen können durch die nächste Intervention verstärkt oder revidiert werden.

Mit Hilfe des didaktischen Dreiecks können wir die Arbeit des Spiele-Leitens noch einmal anders formulieren:

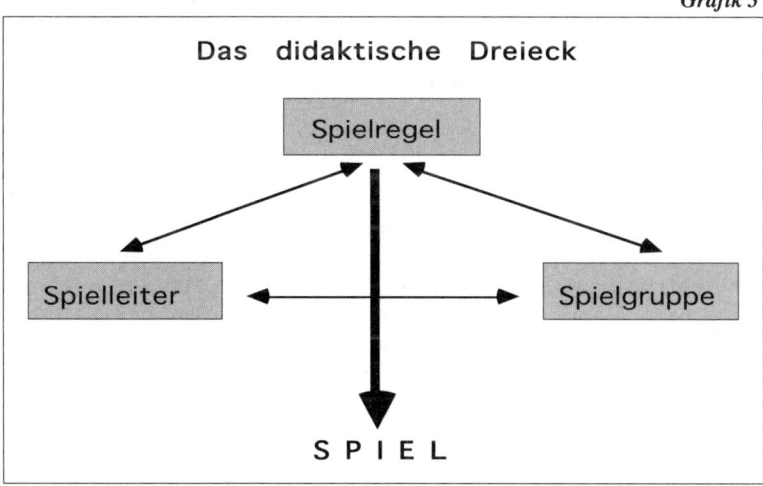

Grafik 3

Das didaktische Dreieck

Spielregel

Spielleiter ← → Spielgruppe

S P I E L

---

7   Zitiert in Watzlawick, a.a.O., S. 57 f

Das Dreieck fasst die drei Hauptfaktoren eines Spielprozesses zusammen: Spielregel, Spielleiter, Spielgruppe. Sie beeinflussen einander. Die Spielleiterin wählt die Spielregel passend zu ihrer Gruppe (das haben wir oben als Intervention bezeichnet). Die Gruppe spielt sich diese Spielregel zurecht und zeigt durch ihre Reaktionen, welche Spielregel ihr entspricht, möglich oder förderlich ist. Wenn das Interdependenzgeflecht der Begegnung und gegenseitigen Beeinflussung „gelingt", wenn es zu einem balancierten Verhältnis zwischen den drei Faktoren kommt, ergibt sich als Resultante (gelungenes!) Spiel. Passen Spielregel und Spielgruppe nicht zusammen, und gibt der Spielleiter keine Möglichkeit, die Regel zu verändern, stirbt das Spiel: die Regel wird „exekutiert", vielleicht formal befolgt; von einem freien, lebendigen, die Kräfte der Spielgruppe wachrufenden Spiel aber kann nicht mehr die Rede sein.

Zur Didaktik der Spielleitung gehört es also, einen wechselseitigen, tunlichst alle SpielerInnen einbeziehenden Prozess mit Hilfe von Spielregeln (Interventionen) zu ermöglichen; Spielleitung muss immer wieder versuchen, die jeweilige Situation der Gruppe zu erkennen und daraufhin den nächsten Schritt vorzuschlagen. Das gilt auch für den speziellen Bereich der Regie.

4. REGIE – EINE BEGRIFFSBESTIMMUNG

Regie, so können wir in einer ersten Annäherung formulieren, ist die Arbeit mit den SchauspielerInnen an der Inszenierung, die Erzeugung theatraler Gestaltungsmittel und ihr Zusammenfügen zu einem „Gesamtkunstwerk". Dieses „Zusammenfügen" sollte nicht planlos, sondern bewusst, also nach einem Konzept erfolgen, das die Aussageabsicht der Inszenierung formuliert. Wichtig dabei ist, dass dieses Konzept zur „Welt", zur Gruppe, zum Spielleiter selbst, zu dem gewählten Stück, zu den Zuschauern „passt". Diese allgemeine Aussage gilt für das Schultheater wie für die professionelle Theaterarbeit.

„Der Regisseur ist heute für die szenisch-künstlerische Realisation einer Inszenierung verantwortlich und koordiniert als deren Leiter die mit dem jeweiligen Projekt anfallenden Arbeiten: Dazu gehören in der Vorbereitungsphase Lektüre, Bearbeitung und Analyse des Stücks (in der Regel zusammen mit dem Dramaturgen), Konzeption des Bühnenbildes und Wahl der Kostüme, Requisiten etc. in Absprache mit Ausstattern und der technischen Leitung, Gespräche mit der Intendanz und den Schauspielern über Rollenbesetzungen (einige Regisseure ziehen es vor, das Ensemble an den konzeptionellen Entwürfen zu beteiligen). Aus den Vorbesprechungen entwickelt sich ein vom Regieteam (Regisseur, Regieassistent, Produktionsdramaturg, Bühnen- und Kostümbildner) erstelltes vorläufiges Inszenierungskonzept. Mit den Proben beginnt die eigentliche Inszenierungstätigkeit, in deren Zentrum die Arbeit mit den Schauspielern, die Gestaltung und Einstudierung ihrer Rollen steht (Wort- und Bewegungsregie), daneben die Anlage und Leitung der einzelnen Szenen (Ensemblespiel, Sze-

nenregie) sowie die Einrichtung der Technik (Licht, Bühnenmechanik, Projektionen, Geräusche, Musik)". So beschreibt Monika Sandhack die Tätigkeit des Regisseurs im von Manfred Brauneck und Gérard Schneilin herausgegebenen Theaterlexikon (Reinbek: Rowohlt 1986, Neuausgabe 1992)[8].

Für das Schul- und Amateurtheater ist dieses hoch arbeitsteilige Verfahren nicht möglich und nicht wünschenswert. Der Lehrer-Spielleiter arbeitet nicht mit einem Team von Spezialisten, sondern mit einer Schulklasse, einer Theater-AG, einer Theatergruppe; alle Beteiligten sollten zumindest einen Einblick in alle Erfordernisse des Theatermachens erhalten, nach Möglichkeit auch in alle Entscheidungen einbezogen werden. Zwar könnten Lehrer und Lehrerin auch **Regietheater**[9] machen, also anordnen und einüben, was im Augenblick der Aufführung auf der Bühne zu geschehen hat.

Im Schul- und Amateurtheater aber hat „Regie" andere Aufgaben:
- zunächst Gestaltungswillen, Gestaltungskraft und Gestaltungsfähigkeiten des einzelnen und der Spielgruppe insgesamt zu motivieren und zu entwickeln,
- dann (möglichst mit allen zusammen) zu einer Entscheidung für ein gemeinsames Projekt zu kommen,
- schließlich die einzelnen Beiträge zu einem Gesamt zu verbinden.

Dazu aber braucht es eine „Leitidee": das Konzept.

---

8 Vergl. auch die Eintragung im Theaterlexikon von Schwab/Weber, Frankfurt: Cornelsen 1991.– Zur historischen Entwicklung von Regie in der Theatergeschichte vergl. unter dem Schlagwort „Regie".

9 *„Regietheater weist im weiteren Sinne auf ein erkennbares Konzept durch Regieführung hin, meint im besonderen jedoch die Methode der Anpassung eines dramatischen Werks an das Regieinteresse, vor allem die Dominanz von Inhalten und Theorien, Bild- und Materialentwürfen gegenüber den individuellen Darstellungsweisen des Schauspielers"* (M. Sandhack im Theaterlexikon Brauneck/Schneilin, a.a.O.).– LehrerInnen sollten sich raten lassen von **George Tabori**: *„Ich mag das Wort Regisseur nicht, es erinnert mich an Regierung ... Ich glaube, ein Spielleiter braucht vor allem die Bereitschaft, zuzuhören, zuzusehen, was das gleiche bedeutet wie das lateinische Wort Respekt, von respicere. Dazu muß man den anderen akzeptieren können, wie er ist, offenbleiben ... Proben sind Forschungsreisen, für die man eine gewünschte Richtung angeben kann, aber nicht darauf beharren darf, wenn es nicht möglich ist."* Tabori spricht im Zusammenhang mit dem Regietheater sogar von der *„Entmündigung des Menschen im Namen der Kunst ..."*, sieht darin eine Ursache für die *„Pathologisierung dieses Berufsstandes, für Krankheiten und Neurosen, für die Zuflucht in Alkohol und Zynismus ..."* (Hertha Elisabeth Renk: Das Sein bestimmt das Spielen. Ein Gespräch mit George Tabori. In: Praxis Deutsch 76, 1986, S. 16 f).

5. ZUM KONZEPT-BEGRIFF

Die Geschichte vom Frosch und der Fliege kann ein Exempel sein für eine verhaltensbiologische Betrachtung. „Naiv" kommt es uns so vor, als ob der Frosch die Fliege fressen „wolle", sobald er sie gesehen hat; er hätte also einen Plan, ein Projekt, ein „Fress- oder Jage-Konzept". Deshalb schleudere er seine Zunge heraus und fange die Fliege.–

Eine solche Betrachtungsweise „anthropomorphisiert" den Frosch, vermenschlicht ihn; in „Wirklichkeit" hat der Frosch KEINEN Plan, sondern verhält sich „naturgemäß", unbewusst. Biologen versuchen herauszubekommen, welche Mechanismen in diesem Naturvorgang in Gang gesetzt werden.

Menschliches Verhalten unterscheidet sich vom Verhalten des Frosches; es ist zumindest partiell bewusst, verläuft (manchmal!) plangemäß, nach einem Konzept. Was aber ist ein Konzept?

In einem Fremdwörter-Duden von 1971 finden wir unter **Konzept**:
„(oft nur stichwortartiger) Entwurf, erste Fassung einer Rede oder einer Schrift".

Der Brockhaus von 1993 erläutert **Konzept** als
„1) Entwurf, erste Niederschrift.
2) Plan, Programm"[10],
Konzeption als
„1) Entwurf eines Werkes, schöpferischer Einfall.
2) Grundvorstellung, Gesamtbegriff"
und fügt als medizinische Bedeutung noch *„Empfängnis"* hinzu.

Das Lexikon der Philosophie von Hoffmeister[11] beschränkt sich auf den Begriff **Konzeption**[12]:
„‚die Zusammenfassung‘, Erfassung, Auffassung; die Aufnahme, Empfängnis; daher auch das erste Erfassen eines Gedankens, die Vorwegnahme eines Werkes, ei-

---

10 Im Brockhaus finden wir auch die **Konzeptkunst** (Concept-art, Conceptual art). Sie wurde ab Mitte der 60er Jahre aus der Minimal art entwickelt. *„Losgelöst von dem materiellen Kunstwerk steht die Idee als rein geistige Konzeption im Mittelpunkt. Sie wird nur durch schriftliche Aufzeichnungen, Photos, Diagramme, Berechnungen u.a. dokumentiert und erst durch gedanklich assoziative Prozesse in der Vorstellung des Betrachters existent".*– Das gibt uns einigen Aufschluss für die Frage nach dem Regiekonzept: es ist eine *„Idee als geistige Konzeption"*, *„losgelöst von dem materiellen Kunstwerk"* der Aufführung oder besser: aufgehoben in ihm.

11 Neu hg. von Arnim Regenbogen und Uwe Meyer, Hamburg: Felix Meiner 1998

12 Und den philosophischen Fachterminus **Konzeptualismus** (vom lateinischen conceptus = Gedanke, Begriff): eine im Universalienstreit des Mittelalters zwischen Realismus und Nominalismus vermittelnde Lehre. Nach ihr sind die allgemeinen Begriffe weder Realität noch bloße Wörter, sondern fassen das dem Seiende Gemeinsame zusammen. Vertreten wurde der Konzeptualismus vor allem von Wilhelm von Ockham.

ner Tat ,in Gedanken' " ; das „Etymologische Wörterbuch des Deutschen"[13] erklärt ,konzipieren' u.a. als entwerfen, empfangen vom lateinischen *concipere*.

Wenn wir „aus dem Konzept kommen" oder uns jemand „aus dem Konzept bringt",
dann erfahren wir, dass sich Gedanken nicht so leicht in die Wirklichkeit umsetzen
lassen – dass ein Konzept also auch revidiert werden kann oder muss.

Konzept und Regie

Beim Theatermachen könnte man zwar auch vom Konzept als einem ersten „Entwurf" eines Werks, einem „schöpferischer Einfall", einer „ersten Niederschrift" (s.o.)
sprechen; wichtiger aber ist die zweite Bedeutung: „Plan, Programm", „Grundvorstellung, Gesamtbegriff".

Regiearbeit kann mit solch einem **Gesamtbegriff** beginnen; dann lässt sich jede
einzelne Phase und Entscheidung des Arbeitsprozesses immer wieder auf diesen Plan,
dieses Programm zurück beziehen, dadurch bewerten und kontrollieren (wobei auch
das Konzept verändert und der Entwicklung der Arbeit angepasst werden kann! – es
ist KEIN Gesetz, sondern ein Plan!).

Regiearbeit kann auch mit ersten Versuchen und Konkretisierungen beginnen
(wahrscheinlich auch dann nicht völlig planlos, sondern mit einem wenn auch vagen
Plan im Hinterkopf). Nach einigen solcher Versuche und Festlegungen sollte das
Konzept explizit gemacht, also durchdacht und formuliert werden, damit sich die Inszenierung nicht gleichsam naturwüchsig zusammenstoppelt, das Stück über die
Spieler dominiert, der Regisseur selber nicht weiß, was er eigentlich erarbeitet hat,
sondern mit Hilfe des Konzeptes die Stimmigkeit seiner Arbeit überprüfen kann.

Ein **Regiekonzept** ist also weder Zwangsjacke noch Zieldefinition, sondern ein
Ordnungsgerüst, das helfen soll, Interpretationsmöglichkeiten (des Stücks, einzelner
Figuren usw.), szenische Einfälle, Szenen zu bewerten und zu einer Gesamtvor-
stellung zu verbinden[14].

Fassen wir vorläufig zusammen: ein Regiekonzept muss Publikum, Ressourcen,
Spielgruppe und Stück in ein Gleichgewicht bringen, das zudem dem Ausdruckswillen des Regisseurs entspricht (vergl. nächste Seite, Grafik 4). Ist ein solches
Gleichgewicht nicht gewährleistet oder erscheint es als zu unsicher, muss nach einem anderen Stück, einer anderen Gruppe, einem anderen Publikum, einem anderen
Raum (oder einer anderen Spielleiterin!) gesucht werden. Ist die Entscheidung für ein
bestimmtes Stück gefallen, so lassen sich weitere Bedingungsfaktoren formulieren;
sie sind in Grafik 5 (S. 23) aufgeführt; wichtige Faktoren sind durch Kästen hervorgehoben.

---

13 Erarbeitet unter Leitung von Wolfgang Pfeifer, Berlin 1993, dtv 1995
14 Zusätzlich braucht der Lehrer-Spielleiter ein **didaktisches Konzept**: In welcher Weise will er
    mit seinen Schülerinnen die Aufführung erarbeiten?

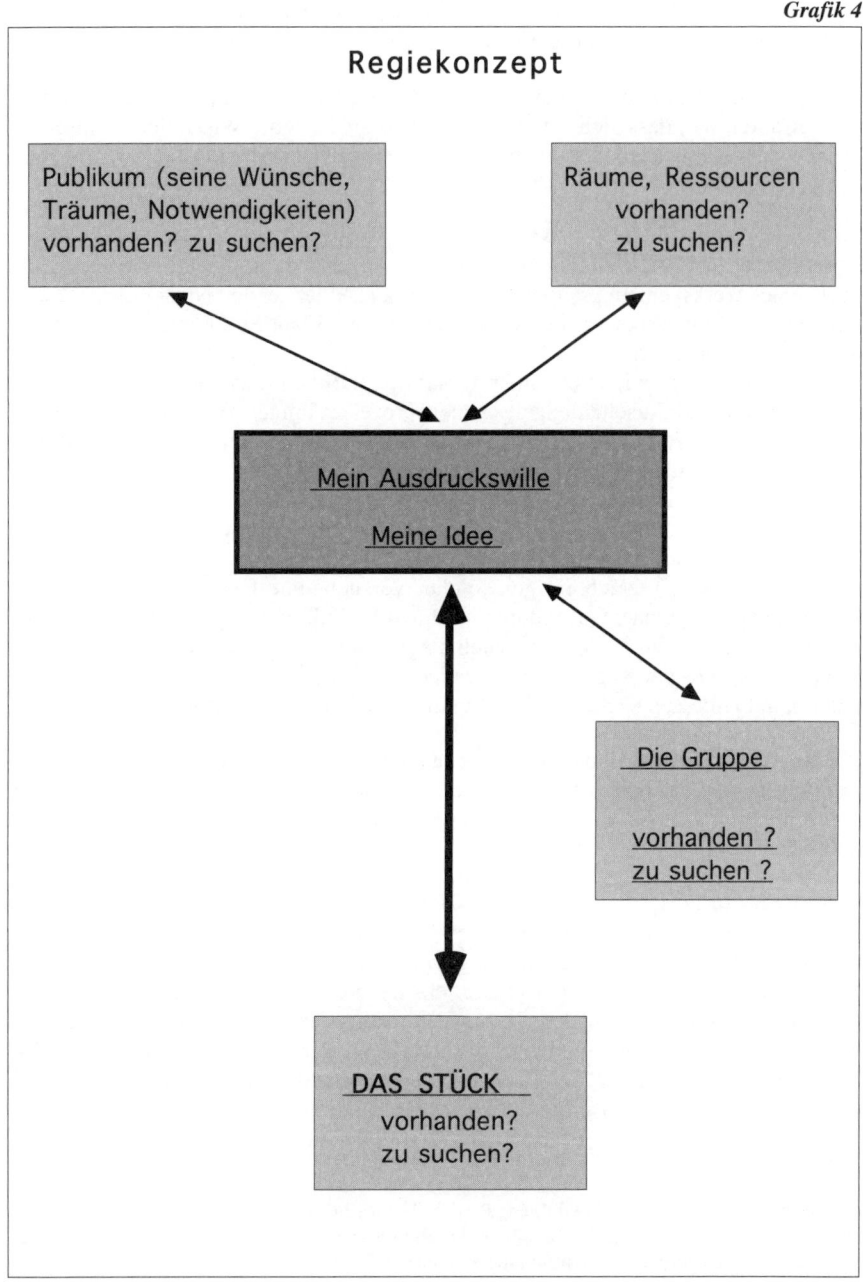

Regiekonzept

Publikum (seine Wünsche, Träume, Notwendigkeiten) vorhanden? zu suchen?

Räume, Ressourcen vorhanden? zu suchen?

Mein Ausdruckswille

Meine Idee

Die Gruppe

vorhanden ? zu suchen ?

DAS STÜCK vorhanden? zu suchen?

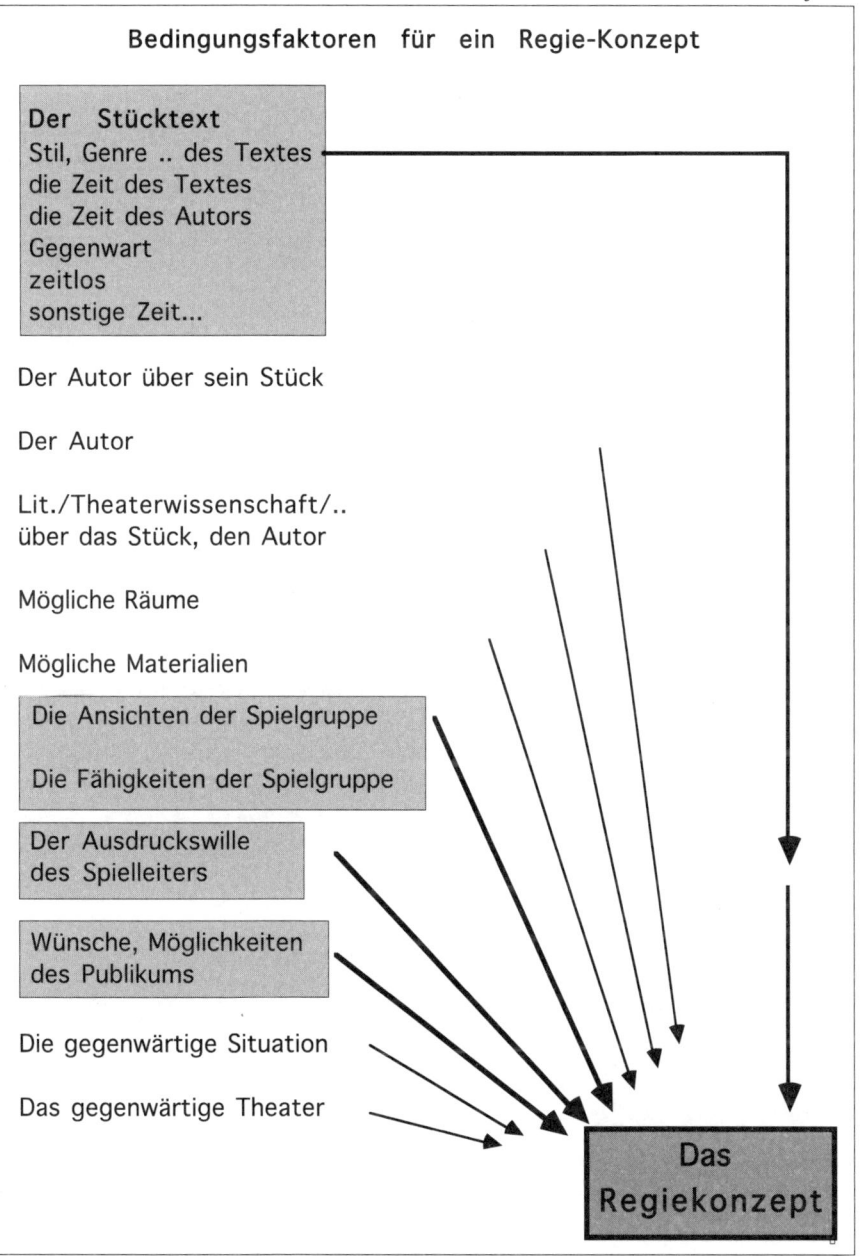

Bedingungsfaktoren für ein Regie-Konzept

Der Stücktext
Stil, Genre .. des Textes
die Zeit des Textes
die Zeit des Autors
Gegenwart
zeitlos
sonstige Zeit...

Der Autor über sein Stück

Der Autor

Lit./Theaterwissenschaft/..
über das Stück, den Autor

Mögliche Räume

Mögliche Materialien

Die Ansichten der Spielgruppe

Die Fähigkeiten der Spielgruppe

Der Ausdruckswille
des Spielleiters

Wünsche, Möglichkeiten
des Publikums

Die gegenwärtige Situation

Das gegenwärtige Theater

Das Regiekonzept

Ehe wir weiter an kognitiv-intellektuellen Fragestellungen in Bezug auf Theater arbeiten, möchte ich betonen, dass (bei aller Einbeziehung auch von Technik im Theater) eine Aufführung und die Erarbeitung einer Aufführung primär ein **persönlich-
kommunikatives Ereignis** ist, bei dem die PERSONEN der Spieler und ihr Zusam-
menwirken entscheidend sind. Dieser neuerdings unter dem Begriff „performativ"
viel diskutierte Grundzug von Theater wird schon von Goethe in „Wilhelm Meisters
Wanderjahre" apostrophiert: „*... alles genau besehen, spielt denn doch der körperliche Mensch da* (auf dem Theater) *die Hauptrolle, ein schöner Mann, eine schöne
Frau! Ist der Direktor glücklich genug, ihrer habhaft zu werden, so sind Komödien-
und Tragödiendichter geborgen.*" (Buch III, Kapitel 3).

Gegenwärtig wird Performanz und performativ mehr und mehr auch zur Kennzeich-
nung von Gesellschaft und gesellschaftlichen Ereignissen gebraucht; im Theater werden einerseits Schauspieler als die Personen, die sie sind, zu Trägern theatraler Handlungen; d.h. „Figuren", die (künstlerisch) hergestellten, „gemachten" Träger theatraler Handlungen, werden mit den Schauspielern gleichgesetzt; andererseits „ver-
schwindet" der Schauspieler von der Bühne und tritt dem im Theater versammelten
Publikum nur im Video entgegen. Wie auch immer die Entwicklungen des professionellen Theaters verlaufen werden – für das (pädagogisch akzentuierte) Schul- und
Jugendtheater sind die spielenden Personen entscheidend wichtig; Rollen und Thea-
terhandlung sind Medien ihrer Entwicklung; Theater konkretisiert sich in der Person
der Spielenden, gewinnt Gestalt im Kopf (im „Herzen", in der Teilnahme) des Publikums.

Nach diesem Exkurs kehren wir zu den Fragestellungen von Regie und Konzept zurück.

B

VOM STÜCK ZUM KONZEPT / WEGE ZUM KONZEPT

Wer das erste Knopfloch verfehlt, kommt mit dem Zuknöpfen nicht zurande.

Goethe, Maximen und Reflexionen 900

6. ANNÄHERUNG AN EIN STÜCK (AM BEISPIEL VON „SPARTACUS")

„Ein Stück" – das klingt, als ließe sich ein solches Stück ohne Schwierigkeiten einfach in die Hand nehmen. Das mag zwar mit dem gedruckten Stücktext, einem Buch also, möglich sein; was aber haben wir gewonnen, wenn wir ein Buch wie einen Ziegelstein als einen materiellen Gegenstand manipulieren? In „Wirklichkeit" ist ein Stück ja eine in Worte gefasste Welt von Vorstellungen, Ideen, Handlungen, Situationen – ein ganzer Kosmos (oder eine totale Hölle). Wie nähern wir uns, wie nähert sich eine Spielgruppe dieser Totalität? Möglichkeiten und Schwierigkeiten einer ersten Annäherung erläutern wir zunächst am Beispiel von „Spartacus".

„Spartacus" ist ein Fragment von Lessing, an dem er wahrscheinlich in den Jahren 1770/71 gearbeitet hat, das er aber zugunsten von „Emilia Galotti" beiseite legte. Es umfasst insgesamt knapp vier Druckseiten, besteht aus einigen historischen Exzerpten, Notizen von Lessing und etwa 30 Zeilen Dialog. Es ist in dieser Form kaum spielbar, eignet sich aber zu einer Konzept-Erarbeitung, die den Interpretierenden große Freiheiten lässt.

Bei einer Lektüre ist der Text wahrscheinlich nicht sehr anziehend, nicht „verführerisch", findet nicht die spontane Begeisterung einer Spielgruppe. Dann kann der Spielleiter ihn über spielerisches Umgehen mit Details, wie bei jedem anderen Stück, attraktiv machen[15]. Er kann beginnen mit einem **Einstieg** in das nicht bekannte Stück über vorwiegend Beziehungen ansprechende, emotionale Sätze bzw. Ausrufe.

▶ Die Spielgruppe bewegt sich **simultan** durcheinander. Vom Spielleiter werden einige Sätze nacheinander eingegeben; jeder Spieler spricht sie für sich, erprobt sie in unterschiedlichen Betonungen, Stellungen, Bewegungen, mit möglichst verschiedenem Ausdruck:

Ich bewundere dich.   *Wer bist du?*
Du bist ein Mann/eine Frau.   *Ich will dich nicht kennen.*

Variation: Die Sätze auf Karteikarten notieren; jeder zieht eine Karte.– Unterschiedliche Situationen vorgeben; in diesen Situationen soll jeweils der Satz gesagt werden (als Selbstgespräch; zu einem fiktiven Partner; mit realem Partnerbezug): vornehm auf der Cocktailparty; eilig auf dem Bahnhof; völlig „harmlos" unter Agenten; als Geheimnis flüsternd; vor einem leckeren Büfett usw.

▶ **Interaktionsspiel** mit Hilfe dieser Sätze: Kontakt zu einem Partner aufnehmen, ihn mit einem der Sätze ansprechen (oder seine Ansprache provozieren), mit einem der Sätze antworten. Simultan durcheinander.–
Variation: Nach einiger Zeit können weitere Sätze eingegeben werden. Fortsetzung des Interaktionsspiels.

---

15 Es gibt andere Wege der Annäherung. Barrault z.B., der große französische Theatermann, las seiner Truppe die von ihm ausgewählten Stücke vor; die durch sein Lesen gestaltete „Erstbegegnung" der Spieler mit dem Text war für ihn von entscheidender Wichtigkeit.

Bei Spartacus wollte ich zu Beginn der Arbeit emotionale Beziehungen schaffen bzw. wieder beleben, eine spielerisch-emotionale Stimmung anregen. Das Stück sollte NICHT von seinem (konkret-politischen) Inhalt her in die Diskussion gebracht werden, sondern von seinem (allgemein-menschlichen) Beziehungsaspekt. Es wurden also NICHT Wörter und Sätze gegeben wie *Rom, Sklave, Gladiator, Spartacus, Konsul, Feldherr, Soldatenlager* ..

▶ Improvisierte Entwicklung von **Kurzszenen**: Auf Karteikarten sind einzelne Sätze bzw. Ausrufe aus dem Stück notiert. Jeder zieht eine Karte. Alle stehen im Kreis. Einer betritt den Kreis, nimmt eine Position ein, spricht seinen Satz; ein anderer kommt dazu, antwortet mit seinem Satz. Möglichst noch den Abgang motivieren und abgehen. Evtl. einen dritten und vierten Spieler (= Satz) einbeziehen.

Spielmaterial für diese Übung:

Sollte sich der Mensch nicht schämen?	*Ich bin sehr stolz.*
Ausschweifungen des gemeinen Mannes.	*Du kennst mich.*
Sich scheiden lassen, um eine reichere zu heiraten.	*Lass es gut sein.*
Lächerlich.	*Ich bewundere dich.*
Wer bist du?	*Es macht mich lachen.*
Du bist ein Mann.	*Der Punkt betrifft nur uns zwei.*
Verleugnest du?	*Stolz und Verhöhnung.*
Ich bewundere deine Bescheidenheit.	*Ich will dich nicht kennen.*

Zusätzlich konnten die vier oben genannten Sätze benutzt werden. Das gesamte Spielmaterial war wörtlich dem Fragment von Lessing entnommen. Nur ein Satz wurde wegen der vielen Teilnehmerinnen zusätzlich in einer leicht variierten Form eingegeben: *Du bist eine Frau.*

Bei Alfred Brusts „Höllenspiel" wählten wir den
▶ Einstieg über (bewegungsintensive) **Verben**: „*gehn, gehn-gehn-gehn, stehen, nicht reden, frieren, arbeiten, weinen, bersten, im Freien wandern, pflanzen, hören, spüren, riechen*" . – Die Verben wurden vom Spielleiter über eine längere Zeit in wechselnder Reihenfolge als Spielanreize in die Gruppe gegeben; sie sollten vor allem „innere Bilder" hervorrufen, also nicht zu einem Machen-um-jeden-Preis führen. Dabei wurde darauf geachtet, sowohl die bedrückenden Verben zu verstärken (*gehn-gehn-gehn, frieren, weinen*) wie die aufmunternden (*im Freien wandern*), die Sequenz insgesamt aber „positiv" abzuschließen.
Die Erfahrungen während der Übung wurden nicht verbalisiert; sie sollten bei Gelegenheit „erinnert" werden.
▶ **Machen und interpretieren** (Spielmaterial aus Alfred Döblin: „Das Wasser"): „*gehen, langsam trotten, stehn bleiben*" . Zunächst die Verben simultan in Bewegung umsetzen, dann bewusst mit Sinn vollziehen (warum stehen bleiben?). Also erst das Verb für sich „interpretieren", dann mit der Interpretation den passenden Ausdruck, das entsprechende Gefühl hinein geben und daraufhin erst in die Aktion umsetzen.

Andere Einstiege, die eher für erfahrenere Gruppen gelten oder im weiteren Verlauf der Arbeit genutzt werden können:
▶ Aus der Bühnenbeschreibung oder aus dem Dialog werden je ZWEI (kontrastie-rende oder einander ergänzende) Wörter ausgewählt[16]: *Friedhof/weiß; Abenddämme-rung/September; tiefschwarz/Mondnacht* . Jede Gruppe entwickelt aus den Wörtern eine Stimmung, eine Atmosphäre und bringt sie (wie auch immer) zur Darstellung (z.b. verbal beschreiben, in ein Bild, eine Szene übersetzen..). In diesem Fall wurden stark stimmungshaltige, weniger gegensätzliche als einander verstärkende Wörter ausgewählt, die auch im Stück in einer Beziehung zueinander stehen. Die Spiellei-terin kann jedoch auch kontrastreiche Oppositionen, klare Gegensatzpaare vorgeben.

▶ Einstieg über **Wortpaare** (Relationen, Beziehungen): *„rot – schwarz, Bürger – Landstreicher, Sinn – Unterleib, das Gute und der Teufel, nicht reden – ablenken, ver-rückt – ernst, reich – Armut"* , dazu *„quadratisches Gesicht"* [17]. – Die Begriffspaare waren auf Karteikarten notiert; jede Kleingruppe (drei bis vier Spieler) zog eine Karte und setzte sie nach etwas längerer Probe in ein (bewegtes) Bild, mehrere bewegte Bil-der um; sie wurden den anderen gezeigt. Wichtig ist auch hier, mehr Karten auszuge-ben als Gruppen vorhanden sind, damit der Zufall mitspielt und evtl. neu gewählt werden kann.
Ergebnisse: *Das „quadratische Gesicht" wurde als Tanzbild vorgeführt. Zu „Sinn-Unterleib" zeigte die Gruppe eine Doppelfigur mit gegenläufigen Reaktionen auf ei-nen vorbeikommenden Mann, eine vorbeikommende Frau.*

▶ Intensivere Einzelarbeit als spezifische **Ausdrucksübung:** Jeder tritt einzeln vor die Gruppe, erhält eine Karte, darauf steht ein einzelnes Wort („*tot, langweilig, Kilo-watt, Arbeit, stolz, bewußt, ohne Humor, still halten"* [18]), das Wort (mehrfach) leise oder lauter lesen, zunächst sich nur informierend, dann beim Lesen in einen Ausdruck finden, den Ausdruck (evtl. als Pose) gestalten; das Ganze in einer fließenden Ent-wicklung, NICHT zwischendurch unterbrechen und NICHT in stummes Nachdenken versinken.

Spiele und Übungen dieser Art eröffnen die Möglichkeit, eine Gruppe mit einem un-bekannten Stück BEKANNT zu machen, einen ersten Einstieg zu finden, eine erste Beziehung anzubahnen. Dabei kann der Spielleiter zum einen die Gruppe für das Stück „erwärmen"[19]. Einzelne können sich mit bestimmten Sätzen „identifizieren",

---

16 Textmaterial aus „Der Mann im Mond" von Georg Britting
17 Aus dem „Höllenspiel" von Alfred Brust
18 Aus „Wasser" von Alfred Döblin
19 Bei erfahreneren Gruppen sollten die SpielerInnen jedoch in den Entscheidungsprozess voll mit einbezogen werden. Dann würde also die Spielleiterin nicht ein von ihr ausgesuchtes Stück der Gruppe didaktisch geschickt „schmackhaft" machen, sondern mehrere Stücke gleichsam „kalt servieren" und dann mit allen die Auswahl treffen bzw. die SchülerInnen schon bei Suche und Vorauswahl beteiligen.

bekommen darüber vielleicht schon Zugang zu einer Rolle, finden bei der späteren Gesamtlektüre „Text-Inseln", die sie aus den ersten Spielversuchen kennen – eine positive Beziehung zum Stück ist vorgebahnt.

Vor allem aber wird die Gruppe „stark" gemacht: das Stück „erdrückt" sie nicht mit seiner Gesamtgestalt (einem umfangreichen Text, einem berühmten Autor), sondern wird „portionsweise" mitgeteilt; die SpielerInnen mit ihren Ideen, Gefühlen, Einsichten, Ansichten werden wichtiger als das Stück.

Durch die Auswahl der Sätze kann die Spielleiterin den Einstieg in das Stück mit einer gewissen Akzentuierung versehen (z.b. vereinfachen, auf Gegenwart oder auf die Spielgruppe beziehen, an Bekanntes anknüpfen, ein spezifisches Problem nahe legen…).

Das **didaktische Prinzip** heißt also, den SPIELER groß machen gegenüber dem Text; wenn der Spieler gestärkt ist, wenn er mehr kann, seiner selbst sicher ist, dann kann der Text umfangreicher, die Aufgabe komplizierter werden.

Wichtig bei diesem Vorgehen ist es, KEINE Muster-Interpretationen vorzugeben, sondern die SpielerInnen aus ihren subjektiven Erfahrungen IHRE Interpretationen finden zu lassen.

Ich fasse noch einmal abstrahierend zusammen:
Bei einer **Einführung in einen (dramatischen) Text über Fragmente** werden dem Text nur einzelne Ausschnitte entnommen:

Substantive, die in den Zusammenhang des Stückes einführen; sie können improvisiert oder nach kurzer Probe als (bewegte) Bilder gespielt werden;

Verben, die zu Aktionen veranlassen; sie können simultan in der Gruppe in Bewegung umgesetzt werden;

Adjektive, die besondere Stimmungen beschreiben; sie können simultan in der Gruppe ausgedrückt oder von Teilgruppen nach kurzer Vorbereitung improvisiert dargestellt werden;

Sätze, die wichtige Aussagen enthalten oder auf wichtige Beziehungen hinweisen (sie sollten jedoch NICHT zu konkret sein, um offen interpretiert werden zu können); zwei oder mehr Sätze können improvisiert zusammengestellt oder nach kurzer Probe als Szenen gespielt werden;

Wortpaare, die besondere Beziehungen verdeutlichen; sie können improvisiert oder nach kurzer Vorbereitung als (bewegte) Bilder gespielt werden.

In der **Auswahl** zeigt sich die Handschrift des Spielleiters; er kann in eine bestimmte Richtung akzentuieren, sollte aber nicht Vor-Urteile implantieren, sondern OFFENE Möglichkeiten anbieten!

Deshalb ist es wichtig, mehr Texte einzugeben als genutzt werden; dann kann die Gruppe auswählen oder den Zufall bestimmen lassen.

Sinn eines solchen Vorgehens:
- Motivation (die Fragmente sollen neugierig machen auf das Stück);
- eine verkürzte Form der Einführung (sie führt sehr schnell zu spielerischen Ergebnissen und stellt zugleich ein Spieltraining dar);
- Stärkung der eigenen Interpretation, des subjektiven Bezugs (der Text des Stückes wird nicht zur Über-Macht, die jede interpretatorische Bemühung erstickt).

7. Arbeit am Konzept („Spartacus" von Lessing)

Die Arbeit am Konzept kann fortgesetzt werden mit einer genauen
▶ **Lektüre**[20] des Textes: jeder für sich allein; dabei Ideen zum Text, zu möglichen Konzepten notieren. Dann Kleingruppen bilden, Ideen in der Gruppe austauschen, eine Idee konzeptionell ausarbeiten. Als Beispiel folgen einige Konzeptnotizen/ Konzeptideen von TeilnehmerInnen:
Jede Ideologie, jeder Machtmensch, jeder Revolutionär hinterlässt Opfer.–
Spartacus wird, obwohl er nicht will, auf ein Podest gestellt.–
Die graue Masse muss die Zeche zahlen.–
Genaue Analyse der beiden Hauptfiguren: der Consul Crassus, genannt der „Reiche", und der freiwillige Gladiator Spartacus. Inszenierung auf den Gegensatz stellen.–
*Inszenieren als eine Art historisches **Lehrstück**, ähnlich Brecht: ein Sprecher übernimmt einige der Notizen Lessings, führt in die Situation ein; die beiden Hauptfiguren werden gegeneinander gestellt; das ergibt allerdings ein eindeutiges Schwarz-Weiß-Bild (deshalb wurde diese Idee verworfen).–*
*Das Stück führt vom begeistert-zukunftsfrohen Anfang zu einem schrecklichen Ende, wirkt also auf die Zuschauer eher deprimierend; das Konzept sieht vor, das Stück vom **Schluss** her zu spielen: es beginnt also mit dem Ende, der Niederlage, geht von da an Station für Station erklärend rückwärts und schließt mit dem optimistischen Aufbruch. Diese Reihenfolge soll den grundlegend optimistischen Ansatz von Lessing verstärken bzw. retten. Vom Ende der Aufführung her kann der Zuschauer dann wieder „nach hinten" denken, kann mögliche Fehler, mögliche andere Wege durchdenken.–*
*Die erklärenden Notizen von Lessing zum historischen Zusammenhang werden ohne Text als **Körpertheater** mit einer großen Darstellerschar gespielt: Bewegungstheater, das den historischen Ablauf und die Emotionen vermittelt. Die wenigen Dialog-Sätze von Lessing werden in dieses Bewegungstheater eingebaut.–*
*Inszenierung mit einer **Rahmenhandlung**: Wir spielen (eine Schülergruppe spielt) Spartacus.–*

---

20 Vergl. Kap. 13: Lesen

▶ Einige der Konzeptionen wurden improvisierend realisiert und durch Spielen auf ihre Brauchbarkeit überprüft.

Ergebnisse: *Eine **Talkshow**, die Dekorationen im Hintergrund zeigen eine römische Arena. Die Talkshow moderiert Harald Krass, der Star-Showmaster; heute sind seine Gäste: Spartacke, genannt die Maske, ein Boxer; Just Pompej, ein ehemaliger DDR-Sportfunktionär.*

Am Spieltisch: *Vier Personen beim Würfelspiel (Roulette): ein Mann in Jeans-Hosen, weißem Hemd; ein Herr im Nadelstreifen-Anzug; ein Herr, dunkelgrau, mit Fliege; eine Dame in engem Kleid mit weitem Ausschnitt; sie würfeln, sprechen dabei ihre Texte.*

Bei solchen spielerischen Überprüfungen zeigt sich, wie stimmig das Konzept ist. Keinesfalls darf es dabei zur diktatorischen Richtschnur werden. Deshalb sollte es neben praktischen Versuchen immer wieder analysierenden **Kontrollfragen** unterworfen werden:

- Welchen Sinn hat mein Konzept?
- Warum sieht es so aus?
- Worum geht es?
- Welches Prinzip verfolgt das Konzept?

Wenn das Konzept-Prinzip klar ist, lassen sich nach diesem Prinzip weitere Entscheidungen treffen, lassen sich die Realisierungen an das Konzept zurück binden.– Auch weiter reichende Kontrollfragen sollten gestellt werden:

- Ist mein Konzept sinnvoll?
- Bewährt es sich in der praktischen Arbeit?
- Wo muss ich es revidieren?
- Engt mich mein Konzept ein?
- Kommt es zu früh?

Ausgangspunkt im Seminar war eine von außen gestellte Aufgabe: Entwickelt ein Konzept zu „Spartacus", zum „Höllenspiel". Normalerweise ist für den Regisseur der Ausgangspunkt sein eigenes INTERESSE an einem Stück, einer Fragestellung, einer Aussage, einem Stil … Er hat sich „verliebt" in ein Stück. Aus dieser Motivation heraus beginnt er, an dem Stück zu arbeiten (allerdings sollte er zeitweilig auch kritische Distanz zu seinem eigenen Konzept einnehmen!).

Mein Interesse am Spartacus wurde zum Beispiel geweckt durch Sätze wie *„Menschen zu Sklaven machen"* (Wie geht das? Warum geschieht das – immer wieder? Was wird dabei aus dem „Menschen"? Und: wer will „gern" Sklave sein? Welchen Vorteil hat das?) oder *„Ihr habt den Menschenverstand in die Schule verwiesen, um ihn lächerlich machen zu können."* (Was bedeutet das als pädagogische Aussage?)

8. Interpretationsspielraum
(am Beispiel des „Ingwer-Topfes")

Wenn die SpielerInnen (nach unserem didaktischen Prinzip, Kap. 6) **groß** gemacht wurden gegenüber dem Text, wenn sie von gleich zu gleich mit dem Text umgehen konnten, wenn wir ihnen KEINE Muster-Interpretation vorgaben, damit sie aus ihren subjektiven Erfahrungen heraus eine EIGENE Interpretation finden konnten, dann können sich zwei Probleme ergeben: wir erhalten viele **unterschiedliche** Interpretationen in der Gruppe, die sich nicht vereinheitlichen lassen, aber zu einer gemeinsamen Aufführung werden sollen; wir zweifeln an unserer eigenen Interpretation, ob sie nicht über das Stück hinaus geht und den **legitimen** Interpretationsspielraum überzieht.

Zunächst müssen wir klar erkennen und akzeptieren: Es gibt Grenzen der Interpretation. ‚Falsch' und ‚richtig' lassen sich für viele Details unterscheiden. Interpretationen sind also auch (immer wieder) am Text zu überprüfen. Aber bei weitem NICHT ALLES geht nachprüfbar aus dem gegebenen Text hervor. Auch hier muss also genau eruiert werden: Was ist deutlich gegeben? Wo beginnt der Raum der Entscheidung?

Auch was klar gegeben ist, KÖNNEN wir bewusst (!) verändern, wir können gegen das Stück spielen, unseren Eigen-Willen gegen den Autor und sein Stück durchsetzen. Der Regisseur aber sollte wissen, was er tut; der Gruppe sollte klar sein, wie sie mit dem Stück umgeht und warum sie das macht.

Was durch den Text nicht deutlich gegeben ist, MÜSSEN wir für uns entscheiden. Sonst spielen wir „ungefähr". Es sei denn, wir haben uns bewusst für Offenheiten, Ambivalenzen entschieden, die als Fragen an das Publikum weitergegeben werden sollen.

Schauen wir uns den Interpretationsspielraum am Beispiel des „Ingwer-Topfes" von Brecht an.

Klar ist: Der Schüler Kung will nicht Ball mit den anderen Jungen spielen.
Er will Schule spielen, will Lehrer sein, will lehren.
Er will seinen Willen nicht mit Gewalt durchsetzen; er will die anderen nicht schlagen.
Er ist kein „typischer" Junge.
Er ist stark, er will nicht noch stärker werden.
Er ist schnell, er will nicht noch schneller werden.
Er weiß viel.
Nicht klar ist: Ist er klug? Will er noch lernen? Lernt er?

Wir können entscheiden:
Er ist dumm, überheblich.

Oder: Er ist musterhaft.
        Er hat Recht mit seinem Bestehen auf Anstand; wir brauchen mehr Kungs.
Oder: Sein Ansatz führt nur zur Heuchelei. Oder: ...

Bei diesen Entscheidungen wird als Entscheidungshilfe wichtig:
       Was will ich als Spielleiter   - für die Gruppe?
                                         - für das Publikum?
                                         - für den Autor, das Stück?
                                         - für mich?
       Was will ich formal? / Was will ich inhaltlich?

Schwieriger als das Umgehen mit den Grenzen des Interpretationsspielraums ist es, wenn in der Gruppe **unterschiedliche Interpretationen** vorhanden sind. Gelingt es nicht, durch Diskutieren oder Erproben der kontroversen Konzepte (von ihrer Realisierbarkeit oder ihrer Wirksamkeit her) zu einer einheitlichen Entscheidung zu kommen, dann bleibt es noch möglich, bis zu dem Entscheidungspunkt zu spielen und dann zwei (oder auch mehrere) Fassungen gegeneinander zu stellen. Das kann, zumal bei einem Problemstück, zu besonders intensiver Anteilnahme des Publikums führen; auch unterschiedliche Schlüsse können interessant sein. Sie könnten dem Publikum zur Wahl gestellt werden (sind also zwar vorbereitet, werden aber nicht alle gespielt!) – das könnte der Gruppe wichtige Hinweise darauf geben, wie ihre Aufführung bei dem Publikum aufgenommen wurde bzw. welche Vorlieben oder Wünsche in ihrem Publikum existieren.

Damit haben wir bereits Probleme des Schlusses und der Nachbereitung von Aufführungen angesprochen; zunächst aber geht es um die Weiterentwicklung eines Konzeptes.

9. WEGE ZUM KONZEPT („HÖLLENSPIEL" VON ALFRED BRUST)

Bei der Arbeit am „Höllenspiel" gingen die beiden Teilgruppen zwei deutlich unterschiedene Wege; sie werden im folgenden als zwei legitime Möglichkeiten kontrastierend gegeneinander gestellt.

1.   **Konzeptentwicklung aus der Improvisation:** Nach der Lektüre (oder auch schon während der Lektüre) kann die Gruppe Szenen anspielen, mit assoziativen Detailinterpretationen, gemeinsamer Ideensammlung auch abseits des Stücks (Brain-Storming) arbeiten; eine gemeinsame (oder gar verpflichtende) konsistente Interpretation des Stücks wird immer nur partiell zwischengeschaltet.

Eine solche Vorgehensweise ist üblich und verbreitet bei Amateur- und Schulgruppen, die die SpielerInnen an den Grundentscheidungen möglichst intensiv beteiligen wollen.

Gefahr: Die Inszenierung „spielt sich zusammen", Einzelprobleme werden als Einzelprobleme behandelt und gelöst, die Aufführung ist „fertig" (und wird dem Publikum gezeigt), ohne dass sie je ein Konzept gefunden hätte; in der Aufführung laufen unbemerkt unterschiedliche Interpretationen mit; im schlimmsten Fall spielt jeder aus der Gruppe sein eigenes Stück, weil jeder auch nur die Ausschnitte des Stücks gelesen hat, in denen er selbst auftritt.

Um diesen Gefahren vorzubeugen, sollte (muss) nach einer Zeit der spielerischen Konzeptsuche eine Phase der **Konzeptkonkretisierung und -formulierung** eingefügt werden.

2. **Konzeptentwicklung am „Schreibtisch":** Ein solcher Weg ist „normal" für das professionelle Theater, bei dem der Regisseur häufig abseits von den Schauspielern SEIN Konzept für sich allein entwickelt – freilich unter Berücksichtigung der Möglichkeiten der Gruppe, der Bühne, des Publikums ... – soweit er davon weiß.

Gefahr: Das Konzept wird der Gruppe „übergestülpt" und von ihr lediglich (unwillig) exekutiert. Die Gruppe entwickelt kein Engagement für das Konzept/das Stück, jeder kümmert sich nur um die eigene Rolle.

Beim „Höllenspiel" realisierten sechs „Regisseure" (die dann auch die Spieler waren) diesen Weg GEMEINSAM: nach intensiver Lektüre erarbeiteten sie eine gemeinsame Interpretation des Stückes Satz für Satz und insgesamt, begaben sich gemeinsam auf die Suche nach einem Konzept, formulierten es „theoretisch" (d.h. verbal, in Zeichnungen und Strukturskizzen) und setzten es dann anschließend in der Probe um. Ein solches Vorgehen ist, wenn es gelingt, überaus befriedigend; es ist schwierig (und zeitaufwendig) bei mehreren stark differenten „Temperamenten". Es darf keinesfalls dazu führen, dass immer nur Kompromisse zwischen unterschiedlichen Vorstellungen und Gestaltungsvorschlägen gesucht werden, statt radikaler und klarer Lösungen ein graues Mittelmaß akzeptiert wird. Gelingt der Gruppe eine wirkliche Einigung (bzw. kann sie Divergenzen in der Inszenierung mitteilen[21]), kann ihre Aufführung zu einem authentischen Spiegel ihrer Gruppen-Individualität werden.

Gefahr eines solchen Vorgehens könnte sein, dass die ersten Spielversuche gegenüber dem anspruchsvoll ausformulierten Konzept als belanglos erscheinen und demotivieren. Der Spielleiter (die Gruppe) muss also für ein ausgeglichenes Verhältnis zwischen Spielfreude und Intellektualität, zwischen Ausdrucksfähigkeit und Darstellungswillen sorgen. Und: niemand sollte davon ausgehen, dass sich alles theoretisch vorweg denken lässt. Wie schrieb doch Brecht in „Me-ti. Buch der

---

21 Vergl. Kap. 8 zur Schwierigkeit des Vereinheitlichens

Wendungen"? *„Es wird aber gut sein, wenn ihr nicht in Gedanken eine Wohnung bis auf den letzten Nagel* (eine Inszenierung bis zur kleinsten Handbewegung) *im Kopf einrichtet, die es dann zu ,verwirklichen' gilt. Behaltet euch lieber so viel wie möglich vor. Beim Planen zerstreitet man sich leichter als beim Ausführen und beim Ausführen fällt einem mehr ein als beim Planen" (Ka-Meh über die Verwirklichung der großen Ordnung, S. 108)* [22].

Er-denken und er-proben

Erdenken und erproben: beide Vorgehensweisen müssen zu ihrem Recht kommen. Manches lässt sich nur schwer oder gar nicht theoretisch entscheiden oder festlegen; es muss ausprobiert werden – auch dann, wenn die Gruppe (der Spielleiter) schon viel Theatererfahrung hat.

Ob ein rotes Bühnenlicht für eine Szene geeignet ist, sollte man sich ANSEHEN; ob eine Szene besser mit Hintergrundgeräusch (life oder vom Band) oder ohne Geräusch wirkt, sollten die Spieler in mehreren Versuchen erproben; sie sollten also unterschiedliche Versionen HÖREN und danach entscheiden.

Stil, Wirkung, Mittel, vor allem die intendierte Gesamtaussage kann man „vordenken" und notieren; auch dann aber muss erprobt werden, welche Wirkung (auf „unserer" Bühne mit „unseren" Darstellern usw.) wirklich entsteht! Freilich: die letzte „Probe auf's Exempel" bringt erst die Aufführung vor Publikum! Und dann lässt sich immer noch nach-denken, warum etwas wie gewirkt (nicht gewirkt, anders gewirkt) hat. Um dann die gewünschte Wirkung in der nächsten Aufführung von neuem zu erproben.

---

22 Führen wir die Auseinandersetzung zwischen **Theorie und Praxis** noch etwas weiter. Zunächst ein Zitat von Kant aus seinem Aufsatz mit dem langen Titel: *„Über den Gemeinspruch: Das mag in der Theorie richtig sein, taugt aber nicht für die Praxis".* Schon auf der ersten Seite formuliert Kant: *„Da lag es dann nicht an der Theorie, wenn sie zur Praxis noch wenig taugte, sondern daran, daß nicht genug Theorie da war ... Es kann sich also niemand für praktisch bewandert in einer Wissenschaft ausgeben und doch die Theorie verachten, ohne sich bloß zu geben, daß er in seinem Fache ein Ignorant sei; indem er glaubt, durch Herumtappen in Versuchen und Erfahrungen, ohne sich gewisse Prinzipien (die eigentlich das ausmachen, was man Theorie nennt) zu sammeln, und ohne sich ein Ganzes (welches, wenn dabei methodisch verfahren wird, System heißt) über sein Geschäft gedacht zu haben, weiter kommen zu können, als ihn die Theorie zu bringen vermag"* (Werke, hg. von Wilhelm Weischedel, Darmstadt: Wiss. Buchgesellschaft, Band 9, S. 127 f).
Und noch einmal Brecht mit einer Warnung vor ,statischem' Denken: *„Das Denken hat Schwierigkeiten, etwa den Begriff einer Knospe festzuhalten, da das damit bezeichnete Ding in solch ungestümem Aufbruch begriffen ist, unter dem Denken weg einen solchen Drang zeigt, keine Knospe, sondern eine Blüte zu sein. So ist dem Denkenden der Begriff der Knospe schon der Begriff von etwas, was sich bestrebt, nicht das zu sein, was es ist"* (Me-ti. Die große Methode, S. 92).

In diesem Zusammenhang möchte ich noch einmal hinweisen auf die Notwendigkeit der **Entscheidung**: Höchst selten gibt ein Kunstwerk eindeutige Aussagen oder Lösungen. Dazu kommt, dass die von mir in Regie-Werkstätten als Arbeitsmaterial genutzten Stücke bewusst auch wegen ihres „Rätselcharakters" ausgewählt worden waren. Das bedeutet, dass die SpielerInnen aus dem Stück nicht einfach herauslesen können, welche Aussage „richtig" ist und also vermittelt werden „muss", sondern dass sie eine für sie und in sich stimmige Entscheidung suchen müssen. Diese sollte freilich (falls dem Autor oder der Autorin ein gewisses „Mitspracherecht" eingeräumt werden soll) nicht vorschnell erfolgen.

Bei der Lektüre eines Textes geht es also zunächst darum, „Inseln der Klarheit" herauszufinden (DAS ist SO!), und sich von da aus in die unbestimmten, oft unbestimmbaren Regionen vorzutasten.

Geben wir als Beispiel einige **Konzeptideen** von TeilnehmerInnen zum Höllenspiel:
Zentral war die Höllenvorstellung; sie sollte realisiert werden als Irrenanstalt (nach dem Muster der „Physiker" von Dürrenmatt), als Universität, in der (realen!) Großküche (Höllensuppe kochen; jeder wirft „sein" Stück Zutat hinein).–
Die Welt insgesamt als Höllenspiel. Wie kommt ein Stück Hoffnung hinein?-
Die Kunsthölle: die Künstler dilettieren, sind künstlerische Fachidioten, haben resigniert; sie wissen, dass sie wirkliche Kunst nie erreichen; sie leiden daran.–
Die Figuren des Stücks sind „verstiegen": das Stück auf Leitern, auf einem Gerüst spielen.–

10. Zᴜsᴀᴍᴍᴇɴғᴀssᴇɴ ᴜɴᴅ Eɴᴛғᴀʟᴛᴇɴ

Mit der ersten Konzept-Idee ist es nicht getan; sie muss überprüft, in spielerischen Improvisationen entfaltet und ausgearbeitet werden. Dabei ist ein dynamisches, also bewegliches Verhältnis zwischen Konzept und Ausgestaltung zu erreichen, ein fließendes Gleichgewicht gegenseitiger Verstärkung. Steht das Konzept in Gefahr, unscharf zu werden oder in den Details der einzelnen Szenen verloren zu gehen, so wird es wichtig, sich wieder zurück zu besinnen und das Erreichte wie die Grundidee in großen Linien zusammenzufassen, beides auf eine Formel zu bringen, um es miteinander zu vergleichen. Wir wechseln also zwischen zwei Arbeitsrichtungen, dem Zusammenfassen und dem Entfalten.

Brecht erzählt in Me-ti unter dem Titel *„Kin-Jehs Traum über die Kunstprüfungen"*, wie die *„öffentliche Ausübung der Dichtkunst"* nur denjenigen gestattet wurde, die zunächst die meisten Beobachtungen auf einem Gang über den Markt notiert hatten, schließlich aber *„die meisten Beobachtungen in der kürzesten Weise aufschreiben konnten"* (S. 127).

Zusammenfassen

▶ In **Worten** zusammenfassen: einen Titel, eine Über-Schrift finden für das Stück, für eine Szene; ein Adjektiv finden für die Stimmung; Verben oder ein Verb für die Handlung des Stücks, einer Szene.

▶ Die **Fabel** des Textes, des Stückentwurfs formulieren.

Fabel, von lat. fabula = Erzählung, Sage, ist die einer dramatischen (auch einer epischen) Dichtung zugrunde liegende Handlung (engl. plot). Brecht formuliert: *„Das große Unternehmen des Theaters ist die Fabel, die Gesamtkomposition aller gestischen Vorgänge"* (Kleines Organon, § 65). Für das Theaterlexikon von Schwab/ Weber, s.o., ist die Fabel *„das gedankliche Gerüst eines Dramas, das der künstlerischen Verarbeitung durch den Autor zugrunde liegt. Sie umfaßt alle Themen und Motive des Stückes, alle außerhalb der Handlung liegenden Ursachen des Geschehens und die Beziehungen der Personen untereinander"*. [23]

▶ **Personenkonstellationen** auf der Bühne aufbauen (ein gespieltes Soziogramm). Durch Haltung, Geste, Entfernung die Beziehung der Figuren sichtbar machen. Dabei zunächst GROBE, KLARE Aussagen OHNE Differenzierung (bei der Rollenarbeit werden später eher die Ambivalenzen in der Rolle, die Gegenstrebungen gesucht!) **Variation**: Wechselnde Zentralfiguren aufbauen. Jeweils von einer Figur her wird die „Architektur" des Stückes dargestellt, werden mögliche Konsequenzen für Interpretation/Konzeption diskutiert.

Beim Höllenspiel z.B. arbeiteten die TeilnehmerInnen folgende Möglichkeiten heraus:

*Der **Maler**: er eröffnet und schließt das Stück; viele Figuren stehen zu ihm in direkter Beziehung.*

*Der **Landstreicher**: er schien vielen die stärkste (sympathischste) Figur des Stücks zu sein; wie könnte er das Stück eröffnen und schließen?*

Zwei Zentralfiguren in Opposition: Landstreicher – Maler.

*Aus der Überlegung, die **Frau** als Zentralfigur einzusetzen, ergab sich eine weitere Konzeptidee: die Frau als Weltenmutter, Erdmutter, Urmutter (zugleich als lockende Barbiepuppe); alle Männer werden um sie herum gelagert. Die Frau eröffnet das*

---

23 Fügen wir noch einen Text aus dem Tagebuch von Max Frisch hinzu (zitiert nach: Stich-Worte, Ausgesucht von Uwe Johnson, Frankfurt: Suhrkamp 1994, S. 76 f): *„Fabeln, scheint es, gibt es zu Tausenden, jeder Bekannte wüßte eine, Unbekannte verschenken sie in einem Brief, jede ist ein Stück, ein Roman, ein Film, eine Kurzgeschichte, je nach der Hand, die sie zu greifen vermöchte – es fragt sich bloß, wie und an welchen Zipfeln sie ergriffen wird; welche ihrer zahlreichen Situationen sich kristallisiert ...*
Der meistens verfehlte Versuch, ein Schauspiel umzusetzen in eine Erzählung oder umgekehrt, lehrt wohl am krassesten, was man im Grunde zwar weiß: daß eine Fabel an sich gar nicht existiert! Existenz hat sie allein in ihren Niederschlägen, man kann sie nicht destillieren, es gibt sie nur in Kristallisationen, die, einmal vorhanden, nicht mehr auszuwechseln sind, gelungen oder mißlungen – ein für allemal." (Zum Begriff der Fabel vgl. auch S. 126)

Stück mit dem ersten Satz: „Nicht reden – weiterleben." Dann eine Geburtsszene: die Männer fallen aus ihr heraus, von ihr ab, beginnen dann das „Höllenspiel"; Ablauf des Höllenspiels weitgehend wie im Text von Brust; die Frau mischt sich in das Spiel ein, zieht sich dann aber wieder zurück auf ihre Ausgangsposition; die Männer lagern sich wiederum bei ihr an; „nicht reden – weiterleben", das Spiel beginnt von neuem.

▶ **Bühnenlandschaft** bauen: Alles, was wir bisher von dem Stück wissen, auf die Bühne bauen. Jeweils respektieren, was die anderen schon gebaut haben. Ein solches zusammenfassendes „Bühnenbild" stellt ein gutes Resümee der bisherigen Erfahrungen dar[24].

Entfalten

Jede Zusammenfassung wird neue Assoziationen und Ideen wecken und kann Anlass zum weiteren Entfalten sein. Andere Möglichkeiten zur Ausgestaltung und Vertiefung können sein:

▶ Ein Stück, eine Szene **„umspielen"**: Vor- und Nachgeschichten improvisieren, in einer Rolle anderen von den Handlungen des Stücks erzählen, unübliche Blickwinkel oder Erzähler wählen (Gegenstände, Tiere erzählen die Vorfälle…). Solche Variationen erschließen dem Spieler andere Dimensionen seiner Rolle, machen eine Wiederholungsprobe interessant. Einige Beispiele aus der Arbeit am „Ingwertopf" von Brecht: das Stück nacherzählen; im heimatlichen Dialekt nacherzählen; stockend wie in einer Prüfung nacherzählen; Schüler haben den „Ingwertopf" durchgenommen, erzählen davon zu Hause; eine Mitschülerin schwärmt von Kung.

Im Stück nicht vorkommende Dialoge improvisieren: Kung und seine Mutter; der Vater Kungs auf dem Sterbebett: seine letzten Worte an den Sohn; zwei Nachbarinnen unterhalten sich über den Lehrer und die Schulstunde über den Ingwertopf; der liebe Gott spricht über Kung, führt ein Streitgespräch mit Mephisto…

▶ **Variationen** spielen: in einem anderen Stil (als Tiere spielen, als Götter, als Könige, Fischweiber usw.), in einem anderen Tempo (überlangsam, so schnell wie es geht), nur die Handlungen ausführen (ohne Text oder mit verknapptem Text).

▶ **Kommentierendes Spielen**: zunächst ankündigen, was man tun will, dann erst tun. Also Gänge, Handlungen, Texte zunächst mit einem epischen Einschub benennen (mit dem Rollennamen: „Antigone sagt", „Kreon senkt das Haupt" bzw. „Sie sagt", „Er senkt das Haupt" oder vom Schauspieler her formuliert: „Ich drehe mich um"); erst nach dieser Ankündigung die Handlung vollziehen bzw. den Text sprechen. Eine solche, an Brecht und seinen Verfremdungseffekt angelehnte Spielweise distanziert von der direkten schauspielerischen Aktion, schaltet eine theoretisierende (vor-denkende, überprüfende) Zwischenphase ein und kann zur Klarheit des Spiels und der Konzeptrealisierung beitragen.

---

24 Ein Dar-Stellungsspiel also, ähnlich wie „Ich bin ein Baum" (siehe Fußnote 4)

11. WEITERENTWICKLUNG EINES KONZEPTS
(ERGEBNISSE VOM „HÖLLENSPIEL")

Bei der Regiewerkstatt zum Höllenspiel gab es zwei sehr unterschiedliche **Ergebnisse**:

1. *Zuschauer- und Bühnenraum sind identisch. Sie stellen die Hölle dar. Die Zuschauer betreten den Raum über einen in der Tür liegenden Menschenhaufen (alle in schwarz) und suchen sich ihre mit Nummern bezeichneten Plätze, die sehr unterschiedlich aussehen und im Raum verteilt sind. Jedem Spieler sind Zuschauer „zugeteilt".*
Nachdem die Zuschauer ihre Plätze gefunden und eingenommen haben – längere Pause. Dann kommt der Menschenhaufen in Bewegung, Geräusche, Steigerungen, Textfragmente, plötzliche Stille, erneut Bewegung, Geräusche, die Darsteller bewegen sich zu ihren „Plätzen", jeweils direkt neben einem Zuschauer (einer Zuschauergruppe). Sie stülpen sich weiße „Papierkostüme" über; darauf stehen die Rollenbezeichnungen: Schüler, Freund usw. – Pause –
Der eigentliche Text des Stückes folgt, nahezu unverändert; wenig Beziehung zwischen den Spielern; kaum Beziehungsklärungen; stark „abstraktes" Spielen. Die Spieler bewegen sich zwischen den Zuschauern, nehmen wenig Rücksicht auf die Zuschauer.
Am Ende des Stücks bewegen sich die Spieler zur Tür, verharren in der Bewegung, blockieren die Tür. Pause. Beifall. Pause. Die Zuschauer sind unsicher; die SpielerInnen bewegen sich nicht.
Mehr und mehr Zuschauer verlassen zögernd das Theater; sie nehmen zwei Spieler mit nach draußen; die anderen Spieler verharren in der Tür; zwei Zuschauer bleiben im Spielraum.–

Konzeptidee war: Wir alle leben in einer Hölle, schaffen uns eine Hölle. Deshalb die räumliche Einbeziehung der Zuschauer. Der Schluss hätte auch anders verlaufen können – je nachdem, wie die Zuschauer reagieren. Sie hätten auch schon vorher den Ablauf der Hölle unterbrechen oder verändern können; diese Intention des Konzepts war als möglich angelegt, jedoch nicht zwingend vorgegeben.

2. *Die Zuschauer sitzen, deutlich getrennt vom Spielraum, frontal vor der Bühne. Im Hintergrund sitzt erhöht und zentral der Landstreicher (mit Gitarre). Er spielt auf der Gitarre, eröffnet und beendet das Stück. Der hintere Teil des Spielraums ist grün ausgelegt; vom vorderen Teil ist er durch eine rotweiße „Straßenbaumarkierung" abgetrennt – eine Grenze.*
Aus dem Zuschauerraum treten Maler, Dichter, Schauspieler, jeweils durch ihr Kostüm kenntlich gemacht, auf; sie legen den Boden mit rot-schwarzen Decken aus, schaffen sich „ihren Bereich", den sie nicht mehr verlassen (können). Der Schauspieler versucht vergebens, die Frau zu sich zu ziehen. Schüler und Frau gehen nach links ab, verschwinden hinter die Bühne, sind nicht mehr sichtbar.

Die Frau tritt mit verändertem Kostüm auf, bewegt sich zwischen den Bereichen, zieht auf der Bühne ihre Strümpfe aus, wirft sie ins Publikum, balanciert auf der „Grenze".
Der Landstreicher beschließt das Stück. – Beifall. Schluss. –

Deutlich wurde das **Konzept**: Die Hölle ist selbst gemacht, viele Figuren werden mit dem Leben nicht fertig. Es gibt eine scharfe Grenze zwischen „Freiheit" und „Hölle"; fraglich ist, wer den Absprung schafft. Die Frau vielleicht? Sie will das Leben ohne Skrupel auskosten, lebt für den Tag, für das Jetzt; sie balanciert tänzelnd, leicht auf der Grenzlinie; sie könnte jederzeit zur einen oder anderen Seite „gezogen" werden. Ob sie ein „eigenes Leben" schafft, ob ihre Art zu leben eine Lösung ist, bleibt offen. Schafft es der Schüler? Das ist möglich; er kann die Grenzen überschreiten, denkt und redet ganz klar – sein Weg wird aber nicht mehr gezeigt. Auf jeden Fall kann der Landstreicher, der Lebenskünstler, zwischen beiden Welten wandern, kann er die Grenzen unbeschadet überschreiten.

Die anderen werden als Scheiternde gezeigt: der Schauspieler ist rückwärts gewandt; der Dichter voller Selbstmitleid; der Maler sieht seine Ziele nicht in der Welt des Landstreichers, sondern irgendwo anders, kann sie aber nicht realisieren.

Zur Bearbeitung: Der Text insgesamt war leicht gekürzt; den Schlusstext sprach der Landstreicher; die Schlussworte des Lehrers entfielen.

Schauen wir von diesen improvisierten Konzept-Realisierungen noch einmal auf Grafik 5 (Bedingungsfaktoren für ein Regie-Konzept) zurück, so stellen wir zwar Lücken in unserer Grafik fest (beim Stück z.B. fehlen Thema, Inhalt, Figuren …[25]), wir können sie aber schon nutzen, um einige Positionen unseres Konzepts zu kontrollieren:

- Die **Welt** heute: wie sieht sie aus, was braucht sie, was wollen wir sagen?
- Das spezifische **Publikum**: was kennt es, was erwartet es, was braucht es, was wollen wir ihm zeigen?
- Das heutige **Theater**: wie ist es, wollen wir ihm folgen, wollen wir dagegen halten, was wollen wir aufgreifen?
- Und wie sieht es aus mit unserer **Sympathie** für die Figuren des Stücks, für eine Figur? Identifizieren wir uns mit vielen oder allen Figuren – oder nur mit einer? Haben wir das Stück von unserer Lieblingsfigur her interpretiert?

Besonders bei der Frage nach der Sympathie ist Vorsicht geboten: Zuneigung wie Abneigung bilden sich häufig unbewusst; es ist also wichtig, auch unsere Gefühle zu kontrollieren![26]

---

25 Wir werden die Grafik deshalb noch einmal ergänzen, vergl. Kap. 14 und Grafik 6.
26 Im Regie-Seminar mit LehrerInnen wurde der Schüler des Höllenspiels in allen Diskussionen positiv gesehen; das deutet auf eine positive Besetzung des Begriffs ‚Schüler', also auf ein hohes Berufsethos dieser Teilnehmer hin; der Schüler im Höllenspiel ließe sich nämlich durchaus auch negativ sehen!

C

LESEN

Die guten Leutchen wissen nicht, was es einen für Zeit und Mühe gekostet, um lesen zu lernen. Ich habe achtzig Jahre dazu gebraucht und kann noch jetzt nicht sagen, dass ich am Ziele wäre.

Eckermann, 25.1.1830

12. EPIK – DRAMATIK (ALFRED DÖBLIN, „DAS WASSER")

Spielgruppen gehen nicht immer von einem dramatischen Text aus; oft erarbeiten sie ein eigenes Stück oder machen sich an die Dramatisierung einer interessanten Geschichte – ob diese nun als Roman, als Erzählung, als Zeitungsnotiz oder als eigenes Erlebnis vorliegt. Häufig sperrt sich dieses Ausgangsmaterial gegen eine durchgehende Dramatisierung; vor allem dann, wenn Spielleiter/Spielgruppe wenig Erfahrung mit dem Dramatisieren haben, bleiben epische Teile, die wichtig sind, aber sich nicht in Szenen übertragen lassen. Dann sollte man sich nicht scheuen, epische Elemente in die Inszenierung einzubeziehen. Oft ist das einfacher und wirkungsvoller, als eine durchgehende Dramatisierung vorzunehmen.

Der **Übergang** vom Erzählen ins Spielen lässt sich erproben und üben. Schon jedes Alltagserzählen enthält „dramatische" Elemente, bezieht Gestik, Mimik, besonderen Stimmausdruck, Haltungswechsel usw. mit ein.
▶ Im Kreis sitzend reihum (oder wer immer will) **erzählen**: Die Fahrt zur Regie-Werkstatt; ein kleines, besonderes Ereignis von gestern, aus der vorigen Woche; von einer besonders pfiffigen Schülerin, einem nervigen Schüler …
Weiterführung: Die Alltagsgeschichten wiederholen; dabei die dramatischen Elemente bewusst machen; Klärung der Begriffe **Epik – Dramatik**, Steigerung der dramatischen Elemente (Mimik, Gestik, Haltung, Rollenandeutung …).

▶ Weitere Erzählübungen/Erzählspiele: **Stegreifgeschichten** erzählen, dabei bewusst übergehen vom Epischen ins Dramatische (eine Rolle annehmen mit passender Haltung und Bewegung, vom Stuhl aufstehen, direkte Rede benutzen) und zurück finden ins Erzählen (wieder hinsetzen, wieder Erzählhaltung, die Geschichte episch zu Ende führen).
▶ Beispiele erproben aus Raymond **Queneau**: „Stilübungen Autobus S".
▶ Ein Regie-Konzept entwickeln für „Das Wasser" von Alfred Döblin und einen Ausschnitt realisieren.

„**Das Wasser**" von Döblin ist eine Kantate mit einer Musik von Ernst Toch. Die beiden Spieler werden als Tenor und Bariton bezeichnet; die Szene beginnt mit einem Sprecher: „*Es gehen zwei am Meer entlang,/ ein Gespräch fängt zwischen ihnen an.*" Auch im Verlauf der Szene kommentieren Sprecher und Chor immer wieder das Gespräch der beiden Männer. Kernsätze des Tenors: Ich kann mit dem Meer, dem Wasser, der Natur „*machen, was ich will*". Der Gegen-Satz des Baritons lautet: „*Der Mensch ist kein Wunder in der großen Natur./ Überaus stolz und bewußt ist er nur/ und auch dumm.*"

In dem Ausschnitt sollen Texte von Sprecher und Chor vorkommen – es soll also das Problem Epik-Dramatik bewusst behandelt werden; zudem soll entschieden werden, was inhaltlich mit dem Stück geschehen soll: für welches Publikum, welche Spielgruppe …

Ergebnisse:

*Zwei Männer: Ein Sprecher an der Seite, der Chor auf der Bühne verteilt als Strand-
hafer und Dünen; Differenzierung der beiden Dialogpersonen, dabei überkreuz
besetzt: der Korrekte als der „Schwärmer", der Alternative als der Realist.–*
*Ein Paar: Auch in der 2. Gruppe Überkreuz-Besetzungen: die schwangere Frau als
Realistin (ich will nach Hause!), ihr Mann als poetischer Idealist. Das Publikum
übernimmt hier, angeleitet von einem Dirigenten, die Funktion des Chors, der die
entgegen gesetzten Meinungen wiederholt.–*
Eine parodistische Fassung löst Sprecher/Chor auf, verteilt das Textmaterial neu und
schafft drei Rollen: *In einer Redaktionssitzung diskutieren zwei Werbespezialisten
über die neue (Mineral)-Wasser-Sorte, der Chef hört meist zu, fällt dann aber die
Entscheidung. „Preisen" (bei Döblin im Sinne von lobpreisen) wird umgedeutet
zu „mit einem Verkaufspreis versehen, auspreisen". Zum Schluss steht das Werbe-
foto.–*
Eine (ebenfalls parodistisch gemeinte) *Untergangsszene mit vier schwarzen Ret-
tungsbooten (Chor, Sprecher, die beiden Dialogpartner jeweils in einem Boot) zu
Titanic-Musik* wirkt mit ihren primären Signalen so lastend-traurig, dass sie als
ernste Szene aufgenommen wird.–
Weitere Ideen: *Der Sprecher agiert als Marionettenspieler oben, die beiden Dialogpartner als (menschliche!) Marionetten unten.–*
*Das Meer wird umgedeutet zur „Schule" (der Chor tritt als Gruppe von Schü-
lerInnen auf), zur „Bundeswehr" (der Chor als Soldaten).–*

13. LESEN

Die Inszenierungsarbeit an längeren Theatertexten[27] stellt besondere Anforderungen
an die Fähigkeiten des Analysierens und Interpretierens. Sie sind notwendige Vorstu-
fen, ehe wir an die Erarbeitung eines eigenen Konzepts gehen können.

Analysieren und interpretieren aber können wir nur, wenn wir zu lesen verstehen.
Die Kunst der Lektüre ist also Voraussetzung von Theater, sobald es von Texten ausgeht. Was ich hier mit „Kunst der Lektüre" bezeichne, nennt Nietzsche in seiner Vor-
rede „Zur Genealogie der Moral" Kunst der Auslegung: *„Ein Aphorismus, recht-
schaffen geprägt und ausgegossen, ist damit, dass er abgelesen ist, noch nicht entzif-
fert; vielmehr hat nun erst dessen Auslegung zu beginnen, zu der es einer Kunst der*

---

27 „Akademische Dramentheorie steht heute vor dem Problem, daß modernes Theater weithin den
dramatischen Text nicht mehr ins Zentrum stellt, ihn umschreibt, collagiert, zerstückelt, weg-
läßt. Es betont, wo es ihn benutzt, oft mehr Klangbild, Rhythmus, Buchstäblichkeit als Fabel
und Handlung, greift immer öfter auch auf nichtdramatische Texte zurück. Dramentheorie, jahr-
hundertelang Zentrum der Theatertheorie, ist nur mehr ein begrenzter Teilaspekt davon" (Hans-
Thies Lehmann in Brauneck/Schneilin, Theaterlexikon, l.c.).

Auslegung bedarf". Lesen sollte also Verstehen bedeuten; was in die Sprache und die Bilder „eingelegt" wurde, sollte in der „Kunst der Auslegung" artikuliert werden – wiederum zur Sprache gebracht aus den je eigenen Gedanken des Lesers in Bindung an die vorliegende Formulierung. Lesen braucht also Nähe zum Text und Abstand von ihm, wechselt von genauer Auslegung in Bindung an den Wortlaut zu freiem Gedankenflug zwischen den Worten, oszilliert zwischen rückhaltlosem Versenken in den Text und kühler Distanzierung und Rückbesinnung auf das eigene Verstehen. Das gilt für jedes Lesen und jeden Text. Theatertexte aber werden vom Regisseur / von der Spielgruppe, überdies und vor allem, im Hinblick auf eine theatrale Realisierung gelesen, erfordern also eine besondere, zusätzliche Lesekunst. Sie wurde vor allem für Dramentexte[28] vielfach ausgearbeitet. Für ihre intensive Lektüre werden verschiedene Ordnungskategorien vorgeschlagen. Diemut Schnetz analysiert nach Situation, Geschehen, Personen, Ort, Zeit und Sprache[29]; Volker Klotz nennt Handlung, Zeit, Raum, Personen, Komposition, Sprache[30]; Manfred Pfister[31] unterteilt nach Informationsvergabe, Sprachliche Kommunikation, Personal und Figur, Geschichte und Handlung, Raum- und Zeitstruktur.

Im arbeitsteiligen professionellen Theater sucht der Dramaturg zunächst alle erreichbaren Fassungen eines Stücks zusammen (vor allem kritische Ausgaben mit Varianten, Kommentaren, Anmerkungen bis hin zu Originalmanuskripten), überprüft Übersetzungen, liest die Originalfassung, wählt bei fremdsprachigen Stücken eine geeignete Übersetzung aus (oder lässt neu übersetzen).

Der Dramaturg des professionellen Theaters studiert die Rezeptionsgeschichte (wann wurde das Stück wie inszeniert mit welcher Wirkung?) und nimmt umfangreiche (umfassende?!) Erkundungen des Umfeldes vor: der wirtschaftlichen, sozialen, politischen, kulturellen Situation, in der das Stück spielt, in der es geschrieben wurde. Er eruiert, das ist besonders wichtig, die Theaterkonventionen der Entstehungszeit (oder hat der Autor abseits vom bestehenden Theater geschrieben?) und legt eine reiche Sammlung von Assoziationsmaterial für SchauspielerInnen und Regisseur an. Solche Vorbereitungen sind vor allem wichtig für historische und psychologisch-realistische Stücke; Texte des absurden Theaters verlangen einen anderen Zugang; reine Spiel- und Handlungsstücke können auf eine umfangreiche Hintergrundklärung verzichten.

---

28 Ein Drama wird von seinem Autor normalerweise für das Theater, also für theatrale Realisierungen, Aufführungen vor Publikum geschrieben. Das moderne Theater nutzt jedoch mehr und mehr auch andere Texte, die nicht eigens für die Bühne verfasst wurden. Deshalb empfiehlt es sich, einen Unterschied zwischen **Dramentexten** und **Theatertexten** zu machen. Lektüreanleitungen wurden insbesondere für Dramentexte entwickelt; sie lassen sich, abgewandelt, auch auf Theatertexte übertragen. Vergl. dazu Fußnote 27

29 In ihrer Untersuchung „Der moderne Einakter"

30 Volker Klotz: Geschlossene und offene Form im Drama. 7. Aufl., München 1975.– Vergl. auch Bernd Asmuth: Einführung in die Dramenanalyse. Stuttgart 1980

31 Manfred Pfister: Das Drama. Theorie und Analyse. München 1977

Für das Schul- und Amateurtheater ist in jedem Fall die aufwändige professionelle Vorarbeit des Dramaturgen nicht möglich und nicht nötig; einiges aber ist unabdingbar und kann gut mit Übungen für die Spielgruppe verbunden werden:

▶ Den genauen **Sinn** überprüfen: Wortsinn (unbekannte Wörter nachschlagen), Satzsinn und Satzbau analysieren, Sinnbögen rekonstruieren.

Weitere Annäherung an den Text durch
▶ lautes **Kenntnis nehmendes Lesen** von einer Person vor der Spielgruppe; gelesen werden sollte im Ton einer gleichmäßig-offenen, kritisch-widersprechenden Neugier, um vorschneller Identifikation vorzubeugen bzw. um sich wiederum von dem Text zu distanzieren;
▶ **szenisches Lesen**: jeder liest seine Rolle (kann auch simultan geschehen), am Tisch oder im Spielraum, dabei vielerlei ausprobieren – Gesten, Körperhaltungen, Bewegungen, Beziehungen, Stellungen zueinander, Betonungen, Sprechhaltungen. Währenddessen auch nach innen horchen: welche Bilder, Fantasien, Vorstellungen erweckt der Text in mir?
▶ **Einteilen** des Textes in Abschnitte: wann wechselt der Ort, wann wird zeitliche Kontinuität unterbrochen, wann wechseln handelnde Personen, wann ändert sich das Verhältnis von Personen zueinander? Diese eher analytisch-theoretische Arbeit kann in Arbeitsgruppen oder Einzelarbeit erfolgen, muss aber dann gemeinsam überprüft werden.

▶ Die bestehende **Grund-Situation** des Stückes klären. Welche **Vorgänge** verändern die Situation? Welche **Drehpunkte** sind besonders wichtig?

> Vorgänge insgesamt stellen die Handlung dar (was geschieht?); die jeweilige Situation wird auch als „die gegebenen Umstände" bezeichnet; sie sind mit Fragen einzukreisen (Wer wo wann wie warum?). Ändert sich einer der Umstände durch einen Vorgang, so ändert sich auch die Situation insgesamt; der nächste Vorgang führt wiederum zur Veränderung eines Umstandes und damit der Situation. Der Moment zwischen zwei solchen Vorgängen (Veränderungen) wird als Drehpunkt bezeichnet.

▶ Die **Fabel** (s.o. Kap. 10) erzählen.
▶ Das räumliche **Grundarrangement** feststellen (evtl. schon auf der Bühne oder in einer Skizze): Wer ist wo?
▶ **Figurencharakteristiken** erstellen. Um welche Art von Figuren handelt es sich:
- um Personifikationen (der Neid, die Wollust),
- um Typen (der geizige Alte, der eingebildete Doktor),
- um Individuen (Charaktere)?

Was sagt der Autor über eine Figur (z.B. in den Regieanweisungen), was sagt sie selbst über sich in ihrem Sprechtext (Selbstcharakterisierung), was sagen andere Figuren des Stücks über sie (Fremdcharakterisierung)?

▶ **Rollenbiographien** schreiben (jeder für seine Rolle, in Arbeitsgruppen oder alle zusammen).

Peter Simhandl gibt als Anregung für das professionelle Theater eine ausführliche Kategorisierung der **Figurenanalyse**: *„Name (sprechend?), Geschlecht, Alter, Beruf, wirtschaftliche Situation, soziale Situation, Bewusstsein, Geisteshaltung, Temperament, Mentalität, Gefühlslage, Wahrnehmungsfähigkeit, Sensibilität, Erotik, körperliche Eigenschaften, Kleidung, Sprechweise, Beziehung zu den anderen Figuren (in familiärer, sozialer, psychischer Hinsicht)"* [32]. Die Liste ließe sich verlängern, auch könnten andere Begriffe verwendet werden. Für das Schul- und Amateurtheater ist sie zu umfangreich, um komplett abgearbeitet zu werden; wichtig aber ist es, die Grund legenden Charakteristiken für die Hauptfiguren zu erarbeiten[33].

Das kann wiederum in Spielen und Übungen geschehen:
▶ Eine **Rollenbiografie** mit einem spezifischen Schwerpunkt erarbeiten.
▶ Ein **Tagebuch** der Rollenfigur schreiben.
▶ **Briefe** schreiben in der Rolle – an Personen des Stücks, an andere Personen.
▶ **Bewerbungen** für die Rolle schreiben (für welche Stelle?).

▶ **Interview**, Befragung der Rollenfigur: Die betreffende Spielerin sitzt vor der Gruppe; jeder fragt, was immer er wissen möchte; die Spielerin antwortet aus ihrer Rolle heraus: entweder aus den Informationen des Textes oder aus dem Gefühl für die Rolle assoziierend, frei erfindend.
Figuren werden zunächst jede für sich analysiert; dann müssen sie mit dem Gesamtkonzept der Inszenierung verbunden werden. Je nach Gesamtkonzept können daraus unterschiedliche Figurenkonzepte folgen.

▶ **Konstellationen**, Beziehungsdiagramme bauen (das Verhältnis zueinander durch Stellung/Haltung darstellen; vgl. „Ich bin ein Baum", Fußnote 4, 24).

Weitere Überprüfungen betreffen die **Struktur des Dramas**: Geht es um einen Konflikt, der im Stück ausgetragen wird (ein Kampf zwischen zwei Parteien oder der innere Konflikt einer Bühnenfigur, die sich entscheiden muss)? Werden die eigentlichen, in der Vergangenheit liegenden Handlungen von den Bühnenfiguren „nur" enthüllt bzw. aufgeklärt (analytisches Drama)? Hat das Drama eine klare, „geschlossene" [34] Form oder gibt es unabhängige Einzelsequenzen, Zeit- und Ortswechsel, unterschiedliche Handlungsstränge? Vertiefende Untersuchungen führen in die Theater- und Dramengeschichte, gehören also in einen Fachunterricht Theater. Aber auch für die praktische Bühnenarbeit müssen wir uns Klarheit über die Struktur „unseres" Stückes verschaffen.

---

32 Peter Simhandl: Begriffe und Methoden der Dramenanalyse. Arbeitspapier HdK Berlin, o.J.
33 Sie sind auch wichtig für Spielintensität und Qualität der Nebenfiguren.
34 Vergl. Volker Klotz: Geschlossene und offene Form im Drama. München 1975

▶ Die **Stückstruktur** in einer Zeichnung, mit Gegenständen oder in Körperbildern darstellen.
▶ Die wichtigsten **Stationen der Handlung**, die Höhepunkte, die Drehpunkte in Körperbildern darstellen.

Für alle Analysen, ob sie verbal oder spielerisch erfolgen, gilt, was wir in Kapitel 8 bereits als **Interpretationsspielraum** bezeichnet haben: *„Der Dramatiker kann, weil er auf das Wort beschränkt ist, die meisten Einzelheiten des nichtsprachlichen Geschehens nur andeuten. Es bleiben Leerstellen, die von den Theatermachern entsprechend ihrer Lesart[35] ausgefüllt werden müssen. Die für eine Inszenierung konzeptionell Verantwortlichen bestimmen durch die Formulierung von Lesart-Ansätzen ihr Interesse an einem Drama und legen fest, warum sie es zu dem gegebenen Zeitpunkt mit welcher Absicht zur Aufführung bringen. Eine ,fertige' Lesart wird sich nicht vorab fixieren lassen; die Ansätze dazu müssen sich von der künstlerisch-praktischen Arbeit korrigieren lassen".*

Und nicht zu vergessen: im professionellen Theater wie im Schul- und Amateurtheater ist *„die Dramenanalyse ... nur ein vorbereitender Teil der Theaterarbeit. Sie darf nicht Selbstzweck sein. Ihre Qualität erkennt man erst auf der Bühne"* [36].

14. TEXT UND INSZENIERUNGSKONZEPT („LILA" VON GOETHE)

Wir verdeutlichen den Zusammenhang zwischen Text und Inszenierungskonzept und die möglichen Arbeitsphasen (s.u. Grafik 6) noch einmal systematisch und listen zunächst wichtige Bestandteile von Theatertexten auf, die beim Analysieren und Interpretieren zu beachten sind.

Als Beispiel für diese Übersicht dient uns **Lila**, ein kaum gespieltes Stück von Goethe, das er 1777 zum Geburtstag der Herzogin Luise für das Weimarer Liebhabertheater geschrieben und einstudiert hat. Lila ist die Gemahlin des Barons Sternthal. Sie gerät in eine tiefe Verzweiflung, als sie vom Tod ihres Gemahls erfährt. Sie löst sich auch nicht aus der Verzweiflung, als die Todesnachricht dementiert wird und ihr Mann zurückkommt; sie glaubt sich und die anderen verzaubert und flieht in die „Natur", einen „wilden" Teil auf dem Landgut des Barons. Die Gesellschaft versucht sie zu heilen, indem sie (spielerisch-theatral!) in die Fantasien der Baronin einsteigt.

---

35 **Lesart**, ein bei Dramaturgen/Regisseuren üblicher Begriff, meint wie Konzept den eigenen Standpunkt ausarbeiten, inhaltliche Schwerpunkte setzen, den aktuellen Bezug klären oder herstellen, Grundentscheidungen über theatrale Mittel und Spielweisen, für Bühnenraum, Figuren, Kostüme usw. fällen. „Lesart" ist aber zunächst ein philologischer Begriff der Textkritik und bezieht sich auf unterschiedliche Fassungen einer Textstelle in Handschriften. Deshalb ziehe ich den Begriff Konzept vor.
36 Peter Simhandl, l.c.

Analysieren/Interpretieren eines Stücks
Eine Zusammenfassung am Beispiel „Lila" von Goethe

<u>Zeit</u>:   Zeit des Schreibens (Lebensdaten des Autors)
            Zeit des Stückes (wann spielen die Ereignisse?)
            Zeitraum des Stückes – Tageszeit(en) des Stücks, von Szenen

<u>Ort(e)</u>:   Landgut, Park, Wildnis (oder romantische Wildnis IM Park!)
            Oder ist der eigentliche Ort „das Theater"?
            Ein-Ort-Dramen, Dramen mit Ortswechsel, Frage des Bühnenbilds.–
            Freilichtaufführung? Drinnen ODER Draußen, Drinnen UND Draußen?

Ausstattung des <u>Ortes</u>: welche Gegenstände sind wichtig, Requisiten?
            Veränderung des gegebenen (gewählten) Ortes

<u>Figuren</u>:   Verhältnis der Figuren zueinander, Figurenkonstellation, Alter, Wesen, Kleidung
            der Figuren usw.
            <u>Ziele</u> (Motive), die sie zur Handlung drängen bzw. auf Handlungen reagieren
            lassen ...
            <u>Konflikte</u> auf der inneren Ebene – Verhältnis der Figuren zueinander
            Probleme der Figuren (in sich und mit anderen)
               (davon zu unterscheiden: das Problem des Stückes!)
            <u>Rollenbiografie</u>: Entwicklung der Figuren: vor dem Stück, im Stück

<u>Situation</u> (Lage): historische Situation, persönliche Situation der Figuren,
            grundlegende Situation, aktuelle Schwierigkeiten;
            akzidentielle (zufällige), strukturelle Probleme,
            Situation in jeder Szene, Situationswechsel

<u>Problem(e)</u> des Stückes – Probleme des Autors – des Publikums

<u>Kernidee</u> (Formel): für den Autor (der Keim des Stückes),
            Kernidee für uns

<u>Aufführungssituation</u>: für welches Publikum, für welche Theatergruppe, für welches Theater
            (welchen Theaterraum)? Bei der Uraufführung? Bei uns heute?

<u>Stil</u>:   Epochenstil, Genrestil, Stückstil; welchen Stil wählen wir?

<u>Handlung</u>: Handlungsmotor(en) (siehe oben Motive)
            Kräftediagramm (bei „Lila" wäre das der Kampf zwischen Leben und Tod);
            Status quo und Veränderung,
            vorwärts treibende, retardierende Kräfte

<u>Story</u>, Ablauf der <u>Geschichte</u>, der Geschehnisse: was erzählt das Stück?
            Was ist die „Geschichte" für die je einzelne Figur?
            Die Geschichte von „Lila" könnte als ein „Heilungsprozess" gesehen werden:
               Exposition der Krankheit
                   Entschluss zur Heilung
                   Vorbereitung der Heilung
                   Heilungsprozess
                   Abschluss des Heilungsprozesses (Happy end, Finale).

Die nebenstehende tabellarische Übericht und die in ihr formulierten Aufgaben sind in ihrer Gänze jedoch nur für SpielleiterInnen und für erfahrene Gruppen geeignet. In der „normalen" Theaterarbeit sollten sie in Teilkomplexe aufgeteilt und/oder in spielerische Übungen verwandelt werden.

15. ARBEIT AN EINEM INSZENIERUNGSKONZEPT FÜR „LILA"

▶ Nach erster Kenntnisnahme des Stücks eine **Dramaturgie-Sitzung**: Besprechung und Analyse, einige historische Informationen, Herausarbeiten des möglichen „Interesses". In der Regiewerkstatt wurden dabei vor allem thematische und einige formale Interessen genannt:

- Verhalten gegenüber sensiblen Frauen
- Vorstufe von Familientherapie
- Weimarer Gesellschaft bloßstellen
- warum schrieb Goethe dieses Stück? sein Motiv?
- aktualisieren; moderne Parallele finden
- Psychoanalytiker spielen das Stück (ähnlich „Sade-Marat" von Peter Weiß)
- Form des Tanztheaters nutzen
- eine Groteske daraus machen

Ergebnisse:
*Aus dem Ansatz „Groteske" entwickelte sich die **Vertauschung** von Wahn und Wirklichkeit: die Familie steigt so tief in die Wahnwelt von Lila ein, dass sie nicht mehr herausfindet; Lila „heilt" sich selbst, bleibt autonom. Gespielt wurde draußen.–*
*Aus dem Ansatz „**Familientherapie**" wurde eine Durchleuchtung der Familienmitglieder und ihrer Schwächen (Neurosen?); ein Erzähler greift in das Stück ein, befragt die Familie über den Fall Lila (der Erzähler als Möglichkeit, das Stück zu straffen und zu verdichten!); die Familie beschließt einen gemeinsamen Heilungsversuch.–*

*Der Ansatz „**Tanztheater**" wurde für eine große Zahl von SpielerInnen unter Einbeziehung des Publikums entwickelt.*

1. Szene, draußen: Lila tanzend.

2. Szene, drinnen: die Hofgesellschaft tanzend, Publikum wird in den Tanz einbezogen; Gesellschaftsspiele („Blinde Kuh"), Tanz/Gesellschaftssspiele werden mehrfach unterbrochen von Freeze, im Freeze dann Texte zur Problematik des Stückes.

3. Szene: die Hofgesellschaft bewegt sich nach draußen, um Lila zu heilen (zurückzuholen?); als sich alle wieder zum Innenraum hinbewegen, schließen sich die Türen – sie kommen nicht mehr herein, erstarren. Offenes Ende.

Bevor ich die Arbeit am Text noch einmal unabhängig von Goethes Stück in einer Grafik zusammenfasse, gibt uns das ausführlichere Protokoll eines Teilnehmers Einblick in die Entstehung eines Konzeptes und seine spielerische Überprüfung:

*„1. Aspekte meiner **Entscheidung** für „Lila" von Goethe: Während der Besprechung des Stückes fiel die scherzhafte Bemerkung, dass Goethe mehr als 100 Jahre vor Freud die Psychoanalyse vorweggenommen habe. In der Tat, der Spannungsbogen dieses Stückes mutet an wie ein modernes Lehrbeispiel aus der Verhaltenstherapie. Bei der Lektüre war für mich die gestörte Kommunikation der Hauptfiguren das auffallendste Moment, insbesondere zwischen den Geschlechtern. Gerade im ersten Teil kreisen Oberflächlichkeiten um das Dramatische der sich anbahnenden Handlung. Die Herren setzen sich mit den Leiden Lilas nur oberflächlich auseinander. Sie haben vor allem ihre Selbstdarstellung im Sinn. Tiefere, verborgene Schichten, die das „Eigentliche" der Beziehungen, besonders zwischen Lila und ihrem Ehegatten ausmachen, deuten sich an. Natürlich ist das schon meine Lesart.*

*2. **Regiekonzept:** Meine Idee war, in zwei Ebenen eine charakteristische Darstellung der Welt Lilas in Konfrontation mit der Selbstdarstellung der Herren auf die Bühne zu bringen. Der Ort sollte eine Theaterbühne sein, gespielt für ein erwachsenes Publikum. Ich ging von der gleichzeitigen Präsenz der konträren Figuren auf der Bühne aus. Lila/Almaide und die Herren sprechen ihre von mir ausgewählten Texte und nehmen dazu die entsprechende Körperhaltung ein. Die Figuren gehen nach ihrer Replik jeweils ins Freeze. Das Arrangement soll unrealistisch sein, um die Aussagen hervorzuheben. Die Herren stehen auf Stühlen erhöht, Lila und Almaide agieren ebenerdig (bodenverhaftet). Eine Umkehrung der Konstellation des Stückes: Lila, die vordergründig betrachtet den Boden unter den Füßen verloren zu haben scheint, bewegt sich in die Tiefe, die Herren dagegen heben ab.*

*3. **Überprüfung** des Konzepts in der **Improvisation:** Die szenische Umsetzung gestaltete sich als Prozess zwischen allen Beteiligten. Es zeigte sich, dass die Schemel als Erhöhung für die Herren nicht ausreichten. Sogleich hatte jemand die Idee, die Stehleiter auf die Bühne zu stellen und siehe da, die Wirkung war ungleich größer. Die Darstellerinnen von Lila und Almaide wurden angehalten, ihre Positionen noch tiefer, dem Boden zugewandt, einzunehmen. Das Gesamtbild erschien damit ausdrucksstärker. Durch Ausprobieren, Einfügen neuer Ideen, Umgestaltung der Texteinsätze und Tonlagen wurde die Regiearbeit ein Gruppenprozess, der aus dem Konzept im kreativen Miteinander eine aussagekräftige Szene machte"* (Aus einem Konzeptpapier von Günter Schmidt, HdK Berlin, WS 95/96).

In der folgenden Grafik 6 werden die bisherigen Ergebnisse noch einmal aufgenommen und ohne Bezug auf ein bestimmtes Stück formuliert. Die Grafik lässt sich zum einen chronologisch lesen; dann deuten sich erste Aussagen zu einer **Phasierung** der Theaterarbeit an (von der Begegnung mit dem Text bis zur Ausarbeitung des Konzepts; vergl. dazu das Kapitel 28). Unter der Überschrift „Arbeit am Text" formuliert die Grafik systematisch und ordnet u.a. den Komplex **Thema/Problem** in den Zusammenhang „Text" ein (dieser Komplex wird in den Kapiteln 17 und 19 ausführlich dargestellt).

Grafik 6

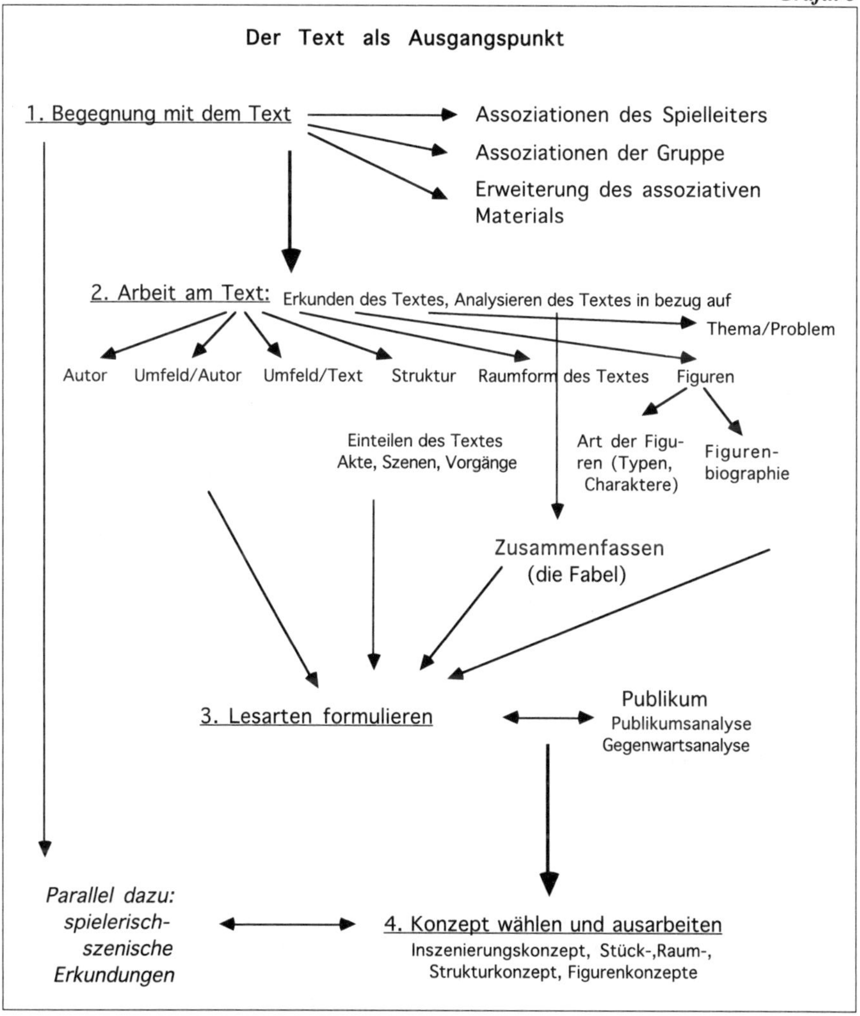

Der Text als Ausgangspunkt

1. Begegnung mit dem Text ⟶ Assoziationen des Spielleiters
Assoziationen der Gruppe
Erweiterung des assoziativen Materials

2. Arbeit am Text: Erkunden des Textes, Analysieren des Textes in bezug auf
Thema/Problem

Autor   Umfeld/Autor   Umfeld/Text   Struktur   Raumform des Textes   Figuren

Einteilen des Textes
Akte, Szenen, Vorgänge

Art der Figuren (Typen, Charaktere)

Figuren-biographie

Zusammenfassen
(die Fabel)

3. Lesarten formulieren ⟷ Publikum
Publikumsanalyse
Gegenwartsanalyse

Parallel dazu:
spielerisch-
szenische
Erkundungen
⟷ 4. Konzept wählen und ausarbeiten
Inszenierungskonzept, Stück-,Raum-,
Strukturkonzept, Figurenkonzepte

16. SCHWERPUNKT UND INTERESSE

Zunächst eine **Vorbemerkung**: Obwohl in diesen Kapiteln das „Lesen" im Mittelpunkt steht und das gemeinsame Bemühen um ein eigenes Verstehen eines Textes, beides eher sitzend-denkerische Tätigkeiten, ist zu unterstreichen, dass auch bei einer intensiven theoretischen Textarbeit ein „Dialog" zwischen Konzept und Spiel wichtig ist, dass weder das bloße Zusammenspielen eines Stücks (mit dem Text in der Hand) noch das reine Erdenken eines Konzepts aufgrund wiederholter Lektüre Ergebnisse verspricht. Deshalb erschien in der Grafik 6 parallel zur „theoretischen" Klärung die „spielerisch-szenische Erkundung".

Vor allem aber macht die konkrete Arbeit an Goethes „Lila" deutlich, dass die Gruppen unterschiedliche thematische (inhaltliche, gestalterische) **Schwerpunkte** setzten und von daher unterschiedliche Konzepte entstanden. Sie entdeckten gleichsam „ihr" **Interesse**[37], das Herzstück ihrer Anteilnahme an dem Stück.

Dabei lassen sich eher formale Ideen (Tanztheater, Beteiligung des Publikums) und eher inhaltliche Ideen (Familientherapie, Lila und die „Herren") beobachten, resultierend jeweils aus der Begegnung des Textes mit den eigenen Erfahrungen, Wünschen, Gefühlen. Soweit dieses „eigene Interesse" nur von der Spielleiterin bestimmt wurde, muss diese in einer zweiten Überlegung Stück und Konzept auf ihre SpielerInnen beziehen, also eine Anverwandlung an die Spieler vornehmen (was eine Hinführung der Spielerinnen zu Stück und Konzept nicht ausschließt!) – oder ihr „eigenes Interesse" meinte von Beginn an das Interesse der spielenden Gruppe insgesamt. Hat die Gruppe bereits Erfahrungen mit Theater, so empfiehlt es sich, das Interesse der Gruppe mit allen gemeinsam zu suchen; der Spielleiter ordnet sich in seine Gruppe ein.

Der Schwerpunkt des Interesses ist zugleich Reiz- und Reibungspunkt. Er konkretisiert sich vielfach in einem **Problem**[38] (in einem Problemkomplex) bzw. in einem **Thema**[39].

In Goethes „Lila" kann, wie wir gesehen haben, die Untersuchung des Verhältnisses zwischen Frau(en) und Mann (den „Herren") interessieren oder das Problem von Krankheit und Heilung(smethode).

---

37 Interesse von lat. inter-esse: dazwischen sein, teilnehmen, Anteil nehmen, daran gelegen sein. Umgangssprachlich: „drin" sein!

38 Hier und im Folgenden meine ich **inhaltliche** Probleme. Sicherlich können sich Gruppen und SpielleiterInnen auch auf **gestalterische** Probleme konzentrieren bzw. sich von ihnen anreizen lassen; Probleme dieser Art dominieren vor allem in den Beispielen 4 (Kap. 22) und 5 (Kap. 24)

39 Vergl. Kapitel 17 ff

Damit aber ergeben sich **inhaltliche Fragen**, die vor oder während der Inszenierung beantwortet werden sollten:
- Wie stehe ich zur Therapie (zu Beziehungen)?
- Was weiß die Spielgruppe von Therapie (von Beziehungen)?
- Hat sie (psycho-)therapeutische Erfahrungen (welche Erfahrungen hat sie mit Beziehungen)?

Und weiter ausgreifend:
- Welche Rolle spielt Therapie (Beziehung) in der Gesellschaft heute?
- In „meiner" Gesellschaft (meinem Publikum)?
- Was bedeutete Therapie (Beziehung) bei Goethe, in der Goethe-Zeit?

Der Komplex Problem/Thema/Inhalt hat demnach immer mindestens drei Dimensionen:
- das Problem im Stück (für den Autor, in der Zeit des Autors),
- das Problem in der gegenwärtigen Gesellschaft (global, lokal),
- das Problem in der Spielgruppe (der Regisseur und das Problem).

Um diese Fragestellungen zu konkretisieren (und dann wiederum zu generalisieren und zu theoretisieren), greife ich auf eine andere Serie von Beispielen zurück. Sie sind besonders erhellend, weil sich im Rahmen eines Modellversuchs[40] elf unterschiedliche Gruppen mit EINEM Thema beschäftigten und ihre Erfahrungen im Laufe der Erarbeitung mehrfach miteinander austauschten. So entwickelte sich gewissermaßen empirisches Material, das es erlaubt, unterschiedliche Herangehensweisen miteinander zu vergleichen und sie, wiederum im Wechsel zwischen Theorieexplikation und Praxisbeschreibung, zu erläutern. Dabei legt die Vorgabe oder Wahl eines Themas die Entwicklung eines eigenen Theatertextes nahe (sie schreibt ihn freilich nicht zwingend vor!). Wir wechseln im Folgenden also die Perspektive: Wir gehen nicht mehr von einem vorhandenen (Theater-)Text aus, zu dem ein Realisierungs-

---

40 Der hessisch-thüringische Modellversuch „Herkommen-Hingehören", gefördert aus Mitteln des Bundesministeriums Bildung und Forschung, begann im August 1995 und endete im Januar 1998. Meine Aufgaben im Modellversuch lagen zum Teil in der wissenschaftlichen Begleitung, zum Teil in der Leitung der Impulswerkstätten für die beteiligten SpielleiterInnen und bei der Nachbereitung in den Aufführungsdiskussionen. Zum Modellversuch erschienen:
Abschlußbericht Modellversuch „Herkommen-Hingehören". Erfahrungen von Fremdheit als produktives Moment theaterpädagogischer Arbeit mit schulischen und außerschulischen Jugendgruppen in Thüringen und Hessen.
Dagmar Dörger unter Mitarbeit von Michael Brodowski: Ergebnis der wissenschaftlichen Begleitung zum Modellversuch (Biographien von SpielleiterInnen) 1997
(Beide Publikationen wurden herausgegeben vom Thüringer Kultusministerium in Zusammenarbeit mit dem Hessischen Kultusministerium.)
Hans-Wolfgang Nickel: Thema und Regie. Herausgegeben vom Thüringer Institut für Lehrerfortbildung, Lehrplanentwicklung und Medien, 2003

konzept entwickelt werden soll, sondern von einem Thema, zu dem die Spielgruppe Ideen und Texte sucht bzw. eigene Texte (ein eigenes Stück) entwickelt.

Überlegungen dieser Art sind auch deshalb wichtig, weil Spielgruppen häufig in dieser Art eigene Texte[41] erarbeiten und sich dabei spezifische Fragen stellen. Dabei ist wiederum unser Ziel, Begrifflichkeiten und ihren unterschiedlichen Gebrauch zu klären. Wir beginnen deshalb mit einer genaueren Bestimmung des Begriffs „Thema".

---

41 Um einem Missverständnis vorzubeugen: Auch das eigene Stück sollte die Gruppe **lesen** können! In einer notwendigen Zwischenphase der Theaterarbeit muss zumindest die Spielleiterin den eigenen Text mit fremden Augen sehen, sich also von ihm distanzieren, ihn analysieren, um seine Möglichkeiten (und Schwächen) zu entdecken. Dabei sind alle die Übungen brauchbar, die bei einem fremden Text angewandt werden.

D

THEMA

Mit den Ansichten, wenn sie aus der Welt verschwinden, gehen oft die Gegenstände selbst verloren. Kann man doch im höheren Sinne sagen, dass die Ansicht der Gegenstand sei.

Da die Gegenstände durch die Ansichten der Menschen erst aus dem Nichts hervorgehoben werden, so kehren sie, wenn sich die Ansichten verlieren, auch wieder ins Nichts zurück …

Goethe: Maximen und Reflexionen 1147-48

17. WAS IST EIGENTLICH EIN THEMA? (THEMA 1)

Literaturwissenschaft und Ästhetik haben zur Analyse von Kunstwerken ein reich differenziertes, vielgestaltiges Vokabular aufgebaut mit vielfachen Überschneidungen, die eine Übersicht zunächst schwierig machen. Das betrifft auch den Begriff „Thema". Dabei wissen wir in der Alltagskommunikation ziemlich genau, was er bedeutet. Das ist kein Thema, sagen wir, oder: Ich muss das mal thematisieren (ansprechen). Wenn wir uns in Diskussionen verwirren, den Überblick verloren haben, helfen wir uns mit Rückfragen: Was ist eigentlich unser Thema? Was liegt an? Was ist „Sache"? Ähnlich besinnt eine Gruppe sich auf sich selbst und diskutiert: Warum sind wir zusammen? Was ist „unser" Thema? Was bedeutet das gegebene Thema „für uns"?

Der **begriffliche Zusammenhang**, in dem „Thema" seinen Platz findet, ist uns schon aus der Schule bekannt. Da kamen der Deutschlehrer, die Englisch- oder Biologielehrerin mit einem „Thema". Es wurde an die Tafel geschrieben; dann begann die Klassenarbeit. Wenn die SchülerInnen gut vorbereitet waren, hatten sie genügend „Stoff" für die Behandlung des Themas im Kopf, sie mussten jetzt diesem Stoff eine „Form" geben, einen inneren „Gehalt" herausarbeiten. Manchmal bestand der Stoff aus einer Fülle von einzelnen Fakten, von Wissenspartikeln; manchmal stellte eine „Story", eine „Handlung" den Stoff dar; manchmal war der Stoff schon in einer besonderen (künstlerischen) Gestaltung gegeben – z.B. dann, wenn eine Kurzgeschichte, ein Dramentext zu interpretieren war.

Ein „Thema" steht also, so zeigt diese Erinnerung, in einem Zusammenhang von vielerlei Phänomenen; dementsprechend steht der Begriff „Thema" in einem Zusammenhang weiterer Begriffe[42]. Wir fassen diesen Zusammenhang in einer Grafik, dem ,Modell Klassenarbeit':

Grafik 7

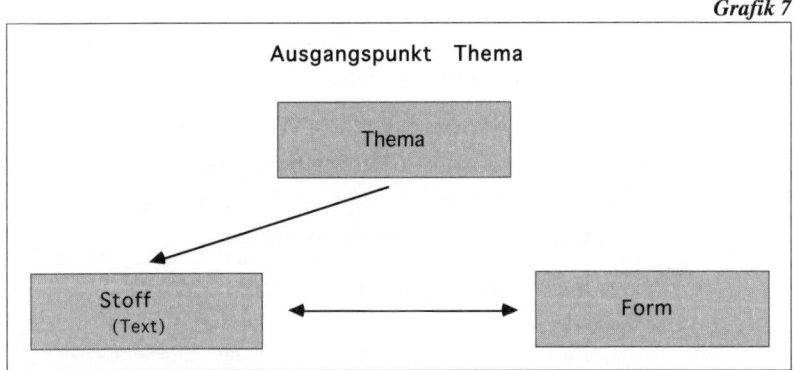

---

42 Diese Begriffe werden auch anders benannt, anders zugeordnet (vergl. Kap. 23 und 25).

Thema, so können wir vorläufig zusammenfassen, ist das Gesetzte, das knapp Formulierte, als Formulierung Bekannte, das in der weiteren Bearbeitung erkundet wird, sich zum Stoff ausweitet oder in einem Stoff realisiert[43]. Der Stoff ist zunächst roh, ungeformt; er wird bearbeitet und gestaltet: in eine Form gebracht.

Das gilt auch für die Arbeit einer Theatergruppe:
- Sie kann mit der Wahl eines Themas beginnen, sich zum Thema den Stoff erarbeiten und ihn zu einer Aufführung gestalten.
- Sie kann zu dem gewählten Thema einen passenden, schon bearbeiteten, geformten Stoff (z.B. einen Theatertext) suchen und ihn zur Aufführung bringen.
- Sie kann sich mit einem interessant erscheinenden Stoff (oder einem die Gruppe reizenden Text) beschäftigen; dann muss (oder sollte) während der Arbeit an Text oder Stoff das Thema (ein Thema) erkannt und reflektiert werden.

Bei dieser Arbeit wird sich herausstellen, dass Texte und Stoffe häufig nicht monothematisch sind, sondern mehrere Themen (evtl. im Sinne von Unter- oder Kontrastthemen) behandeln; für die Theaterarbeit ist es gut, dann eine Akzentuierung vorzunehmen (vergl. die Schwierigkeiten mit einer doppelten Thematik im „Kafka"-Programm, Kap. 27).

Auf jeden Fall wird das Ausgangsmaterial (ob nun ein roher Stoff, ein schon vorbereiteter Inhalt, eine grob skizzierte Handlung oder ein als gedruckter Text vorliegendes Theaterstück) einem Prozess des Formens unterworfen, wird es klarer und klarer gestaltet, wird es zum (neu und anders) geformten Stoff entwickelt, der nicht nur Stoff oder Inhalt transportiert, sondern auch durch Form und Gehalt[44] ausgezeichnet ist.

Dabei ist die Form bei einer Theatergruppe immer schon eingegrenzt auf ein **szenisches Produkt**, das freilich viele unterschiedliche Arten, Typen, Genres umfasst, sie alle mit ihrer jeweiligen Form, ihrer spezifischen Dramaturgie. Diese kann sich gleichsam „naturwüchsig" in der Theaterarbeit ergeben; sie muss aber zumindest im Nachhinein reflektiert werden und sollte mehr und mehr bewusst gestaltet werden.

---

43 Formulieren wir informationstheoretisch, so könnten wir von dem Begriffspaar **Thema** (gr. das Gesetzte) und **Rhema** (gr. das Gesagte, die Äußerung) ausgehen. Thema meint dann die bekannte Information, das worüber etwas mitgeteilt wird (oder werden soll!); Rhema ist die neue, unbekannte Information (also das, was darüber mitgeteilt wird). Das Begriffspaar entspricht in etwa dem englischen topic – comment bzw. der Terminologie von Chomsky (presuppositions – focus). Firbas (1964) dynamisierte die Polarität zu einer Skala; sie reicht vom geringsten Grad an kommunikativer Dynamik (salopp gesagt: an Neuigkeit), die Thema genannt wird, bis zum höchsten Grad, dem Rhema. Vergl. dazu Metzler Lexikon Literatur- und Kulturtheorie, 1998, S. 533
44 Zur genaueren Terminologie vergl. Kap. 25

In der Endform wird das Thema oft gar nicht mehr genannt; es ist in der Einheit des Werkes aufgehoben. Holen wir (oder das Publikum) es durch ein nachträgliches Interpretieren der Aufführung wieder hervor, so fassen wir mit ihm in einem eher äußerlichen Sinn den Stoff, in einem tieferen Sinn die Aussage, in einigen Fällen auch die Form. Umgekehrt verweisen manche Themen auf einen Stoff, manche eher auf eine Aussage, andere schließlich auf eine besondere Formung.

Nicht zuletzt gibt das Thema durch seine knappe Formulierung (der Gruppe) Sicherheit. Es verhindert, dass wir in der Fülle des Stoffs richtungslos werden oder versinken; es akzentuiert, was wichtig ist und worauf es eigentlich ankommt; es macht eine schnelle Verständigung möglich – ein Kristallisationspunkt, der die Energien der Gruppe bündelt[45]. Ähnlich wirkt ein klares Stundenthema, das für die jeweilige Spielstunde oder Probe die Arbeitsaufgabe (ein Teilthema, einen Zwischenschritt) benennt und damit für alle sichtbar macht. Wie wichtig diese klare Benennung (zumal bei unerfahrenen Gruppen) ist, wird besonders dann deutlich, wenn die Gruppe ihr Thema noch nicht gefunden hat und frei improvisiert bzw. zwischen vielen Themen (Stoffen, Texten) unentschieden schwankt. Wichtig werden dann

Ansätze zur Themenfindung

Um zu einem Thema für ihre Gruppe zu kommen, kann die Spielleiterin
▶ die Gruppe beobachten (in der Freizeit, bei der Theaterarbeit)
▶ einen offenen Fragebogen ausfüllen lassen (Welche Themen interessieren dich? Welche Probleme beschäftigen dich? Welche Ereignisse findest du spannend?),
▶ mehrere möglich erscheinende Themen (zusammen mit der Gruppe) knapp umreißen oder spielerisch antesten,
▶ spezifische Fragen stellen bzw. eine eingeschränkte Problemliste, einen bestimmten Bereich vorgeben.

Beim Modellversuch war mit „Herkommen – Hingehören" ein aktuell gemeinter, umfassender, weit gespannter Themenbereich benannt, der von den Gruppen je spezifisch zu konkretisieren war[46]. Eine dieser Konkretisierungen, bei der die Spielgruppe das Thema direkt auf sich beziehen konnte, wird im Folgenden ausführlicher vorgestellt.

---

45 Man muss das so paradox ausdrücken: Obwohl in der Theaterarbeit alles gleichzeitig geschieht, kann der Spielleiter nicht alles auf einmal (bewusst) machen (lassen). Die Benennung eines Themas hilft, die Aufmerksamkeit zu fokussieren, sie „orientiert" also die Gruppe.

46 Freilich beteiligten sich auch Gruppen mit bereits bestehenden Projekten am Modellversuch; in diesen Fällen war der Bezug zum Thema „Herkommen-Hingehören" eher zufällig. Manchmal allerdings machte die Fokussierung auf das ursprünglich fremde Thema interessante Aspekte der eigenen Arbeit deutlich.

18. Vom Thema zur Aufführung (Beispiel 1)

„Wußtest du, daß Deutschland riecht?"
(Theatermäuse der Geschwister-Scholl-Schule Offenbach)

Zur Gruppe gehörten *„7 Mädchen, 7 Jungen; 8 davon waren nicht in Deutschland geboren. Sie kamen aus Griechenland, Italien, Serbien, Algerien, Iran, Ungarn, Rumänien, Kamerun"* [47].

Das Thema wurde also von der Gruppe gleichsam ‚mitgebracht'; sie fanden sich und ihre Erfahrungen im Thema „Herkommen-Hingehören" wieder und hatten keine Scheu, es zu bearbeiten. Sie beschlossen, die *„persönlichen Biografien der Teilnehmer, ... die persönlichen Auswanderungs- bzw. Fluchtschicksale eines Großteils der Gruppenmitglieder"* für ihre Theaterproduktion zu nutzen. Ausgangsmaterial war also *„in erster Linie der Erfahrungsschatz der SchülerInnen. Sie erzählten aus ihrer Geschichte und brachten auch Photos mit"*.

Somit wird bei den Theatermäusen gleichsam ein direkter Weg sichtbar:

▶ **Erinnerungen** erzählen

▶ Erinnerungen durch Fotos ergänzen (ein Teil der Fotos wurde auch in der Aufführung verwendet)

▶ Erinnerungen (mit Hilfe von Tonbandaufzeichnungen) aufschreiben, ein Gedächtnisprotokoll schreiben. Um die nicht direkt betroffenen SchülerInnen an das Thema heranzuholen und mit in das Spiel hinein zu nehmen, ließ der Spielleiter sie eine Fluchtgeschichte fantasieren (ein Fantasieprotokoll schreiben).

▶ Erste **Spielversuche.** *„Ein Schüler liest seinen Text vor und der Rest der Gruppe bewegt sich spontan zu dem Gehörten. An wesentlichen Punkten halte ich die Szene an und lasse ein ‚Gruppenstandbild' stellen, wobei jede/r sich zu dieser Situation ein Gefühl oder einen Gedanken einfallen lassen, dann in einer Freeze-Position darstellen soll. Die anderen ‚bauen' sich dazu. Wenn alle ihre Position gefunden haben, wird die ‚Skulptur' lebendig"* (U. Gehrmann).

▶ Während der Ferien die eigene Geschichte **überarbeiten**. Beispiele: *„Also, meine Geschichte ist die. Ich lebte damals schon seit meiner Geburt in Italien. Ich liebte dieses Land. Und die Leute waren dort auch ganz in Ordnung. Kurz gesagt, es war für mich wie im Paradies. – O.k., was Arbeit und Geld anging, war nicht viel los, aber ich war auch ohne viel Geld sehr glücklich. Damals war ich erst sieben Jahre alt. Ich kam gerade in die erste Klasse. Mir hat Schule von Anfang an viel Spaß gemacht. ...*

Ich merkte damals schon, dass seit kurzem die Familie ganz schön komisch war. Besonders, wenn wir alle am Tisch saßen, fiel mir die angespannte Atmosphäre auf. Meine Eltern stritten sich auf einmal, was sie sonst nie taten. ...

---

47 Hier und im Folgenden zitiert aus Protokollen und Berichten des Spielleiters Uwe Gehrmann.

Dann stellte ich endlich meine Eltern zur Rede und wartete auf eine Erklärung für diese häufigen Streitereien. Meine Mutter versuchte mir dann unter Tränen zu erklären, dass wir in ein anderes Land umziehen müssen, weil mein Vater dort eine gut bezahlte Arbeitsstelle angeboten bekam. Ich brüllte nur noch laut: ‚Neieiein! Neieiein!'
...
Allmählich stellte sich auch meine Mutter auf Vaters Seite und meine große Schwester war sowieso von Anfang an hellauf begeistert von der Idee, für immer nach Deutschland zu ziehen. Sie konnte, wie immer, nur an die tollen Klamotten und die vielen Ausgehmöglichkeiten denken. ...
Jetzt lebe ich schon seit langem in Deutschland. Ich habe auch einen neuen Hund bekommen. Ich bin jetzt wieder glücklich und mein Vater hat jetzt einen tollen Job." (Lina). -

„Also, meine Schwester, mein Bruder und ich waren noch in Algerien, während meine Mutter, meine kleine Schwester und mein Vater schon ... in Deutschland waren. Ich ging in der Zeit in die Schule und kümmerte mich um meine Schwester und half meiner schwachen Oma bei der Arbeit. ...
Dann klappte es endlich! ... Meine Mutter rief mich an und teilte mir mit, dass sie schon alle Papiere und Erlaubnisse fertig hat. In dem Augenblick heulte ich vor Glück – aber auch vor Trauer. Ich dachte mir: Jetzt komme ich zwar nach Deutschland, aber ich würde meine ganze Familie verlieren. Und meine Oma, bei der ich seit meinem 4. Lebensjahr lebte, würde ich nie wieder sehen. Das Land, meine Heimat, müsste ich für immer verlassen! Das war schon traurig. Aber ich freute mich auch sehr nach Deutschland zu kommen. ..." (Feriel).

„Auf dem Bahnhof in Wien. Unser Urlaub war zu Ende. Meine Mutter hielt die Zugkarten in der Hand, als sie zu mir kam, und erzählte, dass wir beide nicht nach Ungarn zurückfahren würden. Ich war sieben oder acht. Zu jung um zu begreifen, was vorgefallen war. ...
Erst Wochen später wurde mir mein Schicksal bewusst. Ich begann, Familienangehörige, Freunde und meine Spielsachen zu vermissen" (Lisbeth).

„Schon lange war die Rede davon, dass wir nach Deutschland gehen. Alle haben wir nur noch davon gesprochen. Meine Mutter lebte in Deutschland und eines Sommers habe ich sie besucht. Nach zwei Wochen sagte sie mir, dass ich bleiben werde, für immer. Hierbleiben! Was soll ich hier machen? Ich kann die Sprache nicht, meine Familie ist nicht hier, ich kenne niemanden. Die Angst tauchte auf einmal auf. Tausend Gedanken schossen mir durch den Kopf. Auf einmal wurde mir schlecht. Ich bekam Bauchschmerzen.
Andererseits hat es mich auch gefreut, dass ich hier bleiben darf, bei meiner Mutter bleiben! Hier führt man ein besseres Leben.
Ich habe die nächsten zwei Wochen nur an das gedacht, an nichts anderes.
Ich bin wegen meiner Mutter hier geblieben. Wenn sie nicht hier gelebt hätte, und wenn wir in Jugoslawien ein besseres Leben gehabt hätten, wäre ich unten geblieben. Alles kam auf einmal. Ich war überrascht und nicht darauf vorbereitet" (Zorica).

▶ Die **Geschichten verknappen** zu einem kurzen Satz. –
Beispiele: *„Pack' deine Sachen, wir brechen morgen früh auf!"* –
„Hey du! Ich hab alle Papiere und die Erlaubnis fertig. Du kannst endlich nach Deutschland kommen." –
„Genieß' die Luft! Dort wo du hinfliegst, wirst du es nicht mehr tun können." –
„Kinder hört zu. Wir müssen in ein anderes Land umziehen, weil euer Vater keine Arbeit findet." -
▶ Die ersten Gedanken bei der Begegnung mit Deutschland formulieren.
Beispiele: *„froh – glücklich – traurig".* –
„Angst – Schreck – ein bisschen Freude". –
▶ **Teilthemen** finden
▶ Begleitend dazu immer wieder **inhaltliche** Diskussionen
▶ Die Einzel-Geschichten in einen **Zusammenhang** bringen, montieren

Bei dieser Montage-Arbeit entstand eine **thematisch-chronologische Ordnung** des szenischen Materials
- Abschied von der Heimat
- Aufbruch ins Unbekannte
- Reiseerinnerungen
- Erste Eindrücke von Deutschland
- Spätere Erfahrungen mit Deutschland
- Erinnerungen an das Herkommen.

Zudem wurde eine **formale Ordnung** entwickelt:
- Alle SpielerInnen sind immer auf der Bühne, jede(r) mit einem Koffer; sie bilden einen kommentierenden, verstärkenden Chor. Die harten inhaltlichen Szenen werden kombiniert mit Diaprojektionen, gestellten Bildern und befreienden clownesken Einlagen.
- Die Koffer dienen als Leitrequisit: es sind Koffer, aus denen man lebt mit wenigen Habseligkeiten; es sind Möbel, die das Bühnenbild andeuten; es sind Lärminstrumente, um z.B. die fahrende Eisenbahn darzustellen; Koffer tauchen als Leitmotiv im Stück immer wieder auf.

Überdies realisierte die Gruppe eine spezifische **dramaturgische Idee:**
- das Publikum zunächst in eine Wanderung hinein zu nehmen und dann erst im Theaterraum die Aufführung zu zeigen – „Wandertheater" also als eine Art Fluchtweg des Publikums, das in der neuen Heimat ‚Theater' zur Ruhe kommt. -

In seinen Berichten konstatiert der **Spielleiter** mehrfach die *„starke Bereitschaft der SchülerInnen ..., sich persönlich einzubringen"*; er versucht, *„von Anfang an die Ernsthaftigkeit des Spielens"* herauszuarbeiten, und stellt abschließend fest: *„Das interessanteste Ergebnis des Modellversuchs für mich war, daß es ... gelang, persönliche Anliegen und Bedürfnisse der SchülerInnen in einer Intensität zu bearbeiten, die an der Schule normalerweise nicht möglich ist.*

Unsere Themenstellung, die eine typisch sozialkundliche war, wurde so tiefgehend bearbeitet, daß einerseits SchülerInnen und LehrerInnen, die die Aufführung sahen, oftmals auf die Gruppe zukamen, um Näheres zu erfahren – es wurde ein Denk- und Fühlprozeß in Gang gesetzt – und andererseits die TeilnehmerInnen selber – z.T. zum ersten Mal – sich aktiv mit ihrer Geschichte auseinandersetzten und hierdurch am Ende des Versuches völlig neue Einstellungen zu Vergangenheit und Zukunft hatten. So äußerte Feriel z.b. noch im Stück, daß sie nicht mehr nach Algerien zurück will, resümierte aber in der Abschlußbesprechung, daß sie sich jetzt sicher sei, daß sie irgendwann zurückkehre. Anderen – z.b. Yvette – wurde klar, daß sie in Deutschland eine neue Heimat gefunden haben.

Hinzu kam, daß SpielerInnen sich z.T. zum ersten Mal mit ihren Eltern nach der Aufführung über Themen der gemeinsamen Biographie auseinandersetzten und andererseits in den Familien z.T. politische Auseinandersetzungen geführt wurden über das Thema ‚Flüchtlinge in Deutschland‘. Die deutschen Gruppenmitglieder haben, in z.T. schwierigen Auseinandersetzungen, eine fundierte Position zum Thema ‚Flüchtlinge‘ erlangt.“

Abschließend formuliert der Spielleiter Uwe Gehrmann eine wichtige **didaktische Erfahrung**, die als Forderung verallgemeinert werden sollte: *„Eine weitere Erkenntnis für mich ist, daß es auch in Haupt- und Realschulen möglich ist, komplizierte gesellschaftspolitische Themen zu bearbeiten, wenn sie über das Darstellende Spiel den SchülerInnen körperlich erfahrbar gemacht werden. Es scheint mir Überlegungen wert zu sein, inwiefern man diese Erkenntnis nicht auf breite Bereiche des schulischen Unterrichts anwenden sollte. Gerade bei SchülerInnen, die in der Schule nur schwer zu motivieren sind, könnte dies ein Weg sein, sie Themen, Inhalten und Methoden gegenüber zu öffnen.“*

Fassen wir zum Schluss den für diese Gruppe sehr klaren und direkten **Weg zu einer Aufführung** noch einmal zusammen:

> Thema
> —> Eingrenzen des Themas (nach Deutschland kommen, erste Erfahrungen)
> —> Erfahrungen erzählen[48]
> —> Szenen improvisieren
> —> die Szenen zu einer Gesamtform montieren
> —> proben
> —> aufführen.

---

48 Parallel zu der inhaltlichen Arbeit gab es bei den Theatermäusen eine kontinuierliche **Ausbildung**: *„Im ersten halben Jahr wurden im zweiten Teil der Stunden Prinzipien des Theaters bearbeitet (Spannung, Ausdruck, Präsenz etc.)“.* Ausbildung, d.h. Hinführung zum Theaterspielen und Entwicklung der spielerischen Fähigkeiten, ist eine Grund legende Aufgabe für alle Schul-, Jugend-, Amateurgruppen; sie war also auch für alle Gruppen des Modellversuchs wichtig. Am Beispiel der „Schotte“ wird das Problem ausführlicher behandelt (vergl. Kap. 31).

19. DIMENSIONEN (EBENEN) EINES THEMAS (THEMA 2)

Die Arbeit der Theatermäuse (Kap. 18) zeigt einen direkten Weg, der die allgemeine Themenstellung sehr schnell auf das spezifische Thema der Gruppe eingrenzt. Aber nicht immer treffen sich Themen so einfach mit den Erfahrungen der Gruppe. Deshalb geben wir im Folgenden zunächst einen Überblick über unterschiedliche Dimensionen von Themen, abgehandelt an der Aufgabenstellung des Modellversuchs. Gedacht ist dabei primär an die Erarbeitung eines eigenen Textes. Wie können wir ein Thema erkunden und anreichern? Wie können wir ein Thema mit den Interessen der Gruppe verbinden, auch wenn es nicht „ so einfach" in den Biografien der SpielerInnen vorliegt? In welchen Zusammenhängen steht ein Thema? Wie lässt es sich verorten?

Wir stellten bereits fest: Texte, Stücke, Inszenierungen haben immer auch ein Thema (stellen sich einem Problem, behandeln einen spezifischen Inhalt). Häufig ist das Interesse am Thema primär oder auslösend und die Gruppe entwickelt zu einem sie interessierenden Problem eine eigene Arbeit (die dann stark vom Inhalt dominiert sein kann, freilich nicht sein muss!). Oft wird auch (wie beim Modellversuch) ein Thema an die Gruppe herangetragen[49]: sie soll zu einem Jubiläum spielen, ein besonderes Ereignis herausstellen, in theatraler Form eine Fragestellung behandeln, die von anderen Gruppen (etwa bei einer Projektwoche) in Form von Ausstellungen, Experimenten, Referaten, Kompositionen realisiert wird.

Dabei wirft jedes Thema eine Fülle von Fragen auf, erweist sich bei näherer Beschäftigung als inhaltlich hochkomplex – schon vor jeglicher Formung, also auf der Ebene der „Sachanalyse".

Gerade eine Theatergruppe aber darf nicht vergessen, dass jedes Thema neben der inhaltlichen Komplexität auf verschiedenen psychosozialen Ebenen wirksam wird:
- auf der individuellen (der Mikro-)Ebene des je einzelnen Spielers,
- auf der Gruppenebene der Spielgruppe insgesamt (Meso-Ebene),
- auf der Ebene des Publikums und der Gesellschaft (Makro-Ebene).

Die nachfolgende Grafik 8 soll diese verschiedenen Ebenen verdeutlichen. Sie wurde auf der ersten Impuls-Werkstatt des Modellversuchs für das Thema „Herkommen-Hingehören" entwickelt; sie wird auch hier an diesem Thema abgehandelt; sie lässt sich aber auf jedes andere Thema übertragen (vergl. Kap. 21). Sie steht in einem spezifisch theaterpädagogischen Zusammenhang und zeigt die Entwicklung hin zu einer Aufführung:

---

49 Vergl. Marcel Gubler: Spiel und Theater als Auftrag im sozialpädagogischen Feld. In: Hans-Wolfgang Nickel (Hg.): Symposion Theatertheorie. LAG-Materialien 39/40, Berlin 1999

Grafik 8

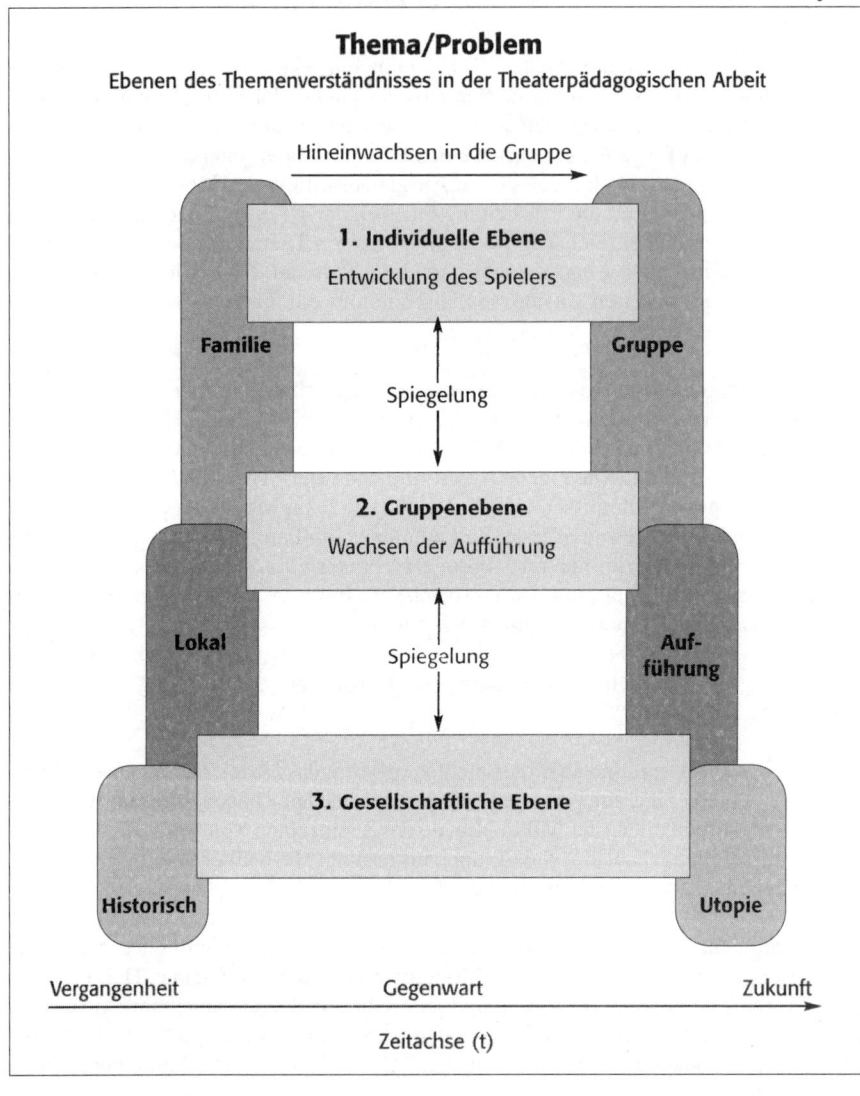

Wir betrachten die einzelnen Ebenen genauer und beginnen mit der „Entwicklung des Spielers", der „individuellen Ebene" (1). SpielerInnen lösen sich aus ihrer Familie (ihrem Klassenverband, ihrer Peergroup, ihrem Freundeskreis) heraus und wachsen in die Theatergruppe hinein:

Grafik 8a

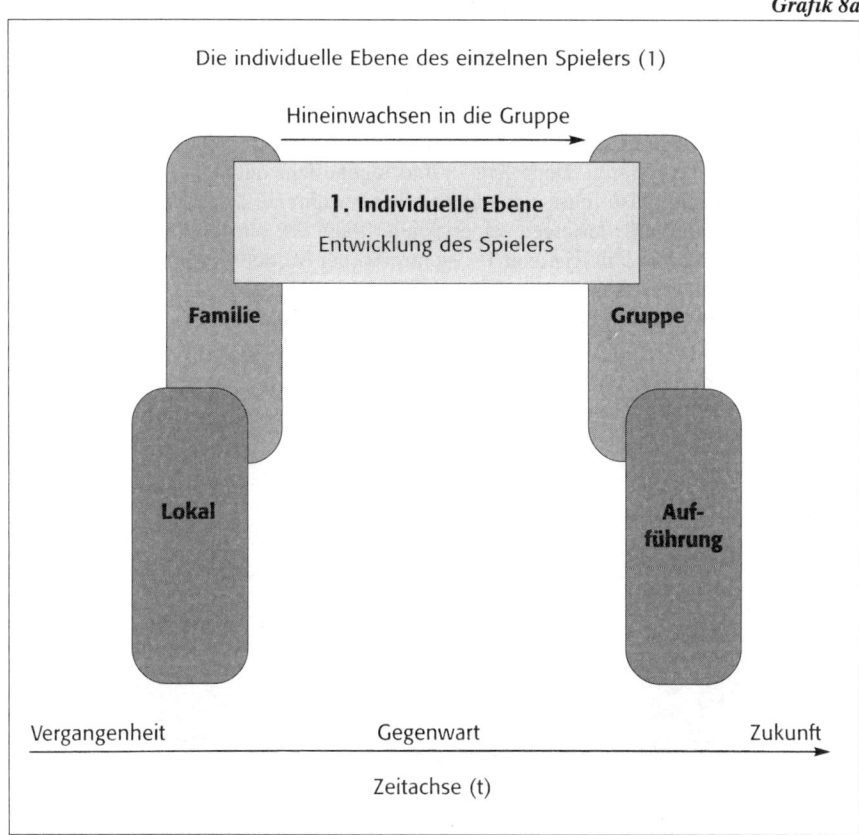

Für jeden Spieler, jede Spielerin gibt es ein individuelles Herkommen (eine eigene Vergangenheit), eine spezifische Gegenwart (ein besonderes Hingehören), jeder hat individuelle Wünsche (für Gegenwart und Zukunft). Wie weit, sollte der Spielleiter (sich) fragen, haben SpielerInnen zur Selbständigkeit gefunden? Wie genau können sie zurückschauen auf das, was war? Ist die Bilanz ihrer Herkunft befreiend, schmerzhaft? Führte oder führt die Entwicklung eher zu einer Distanzierung, oder können sie konservativ, bewahrend zurückfinden zu ihrer Herkunft, sie mit ihrer Gegenwart verbinden? Oder ist die Gegenwart der „falsche" Ort, liegt ihre Heimat in der

Vergangenheit, müssen oder wollen sie versuchen zurückzukehren (wie eine Spielerin der Theatermäuse erklärte; vergl. Kap. 18).

Zum individuellen Hingehören zählen auch die Wünsche jedes einzelnen (wie die des Spielleiters!) für sich (was will ich mit mir? wohin will ich?), die Wünsche an die Gruppe (was soll mir die Gruppe geben?), an die Theaterarbeit (warum mache ich Theater? Was soll mir das bringen?).

Wie weit die Spielleiterin auf diese Wünsche eingehen kann oder soll, wie weit sie bremsend oder stimulierend tätig wird, ist wiederum eine pädagogische Frage. Auf jeden Fall aber muss sie versuchen, Probleme und Möglichkeiten jedes einzelnen Spielers, jeder einzelnen Spielerin zu erkennen, muss sie ein Bild von ihnen haben, ohne dieses Bild zu fixieren. Denn Kinder und Jugendliche entwickeln sich – manchmal explosionsartig! Also muss sich ein Spielleiter während seiner Theaterarbeit immer wieder auf die Veränderungen seiner SpielerInnen neu einstellen. Das gilt insbesondere während einer langfristigen Theaterarbeit (der Modellversuch umfasste zwei Jahre!); dabei müssen Spielleiterin und Spielleiter auch die Ebene der Gruppe im Auge behalten (und die Bedeutung der Gruppe für den je einzelnen).

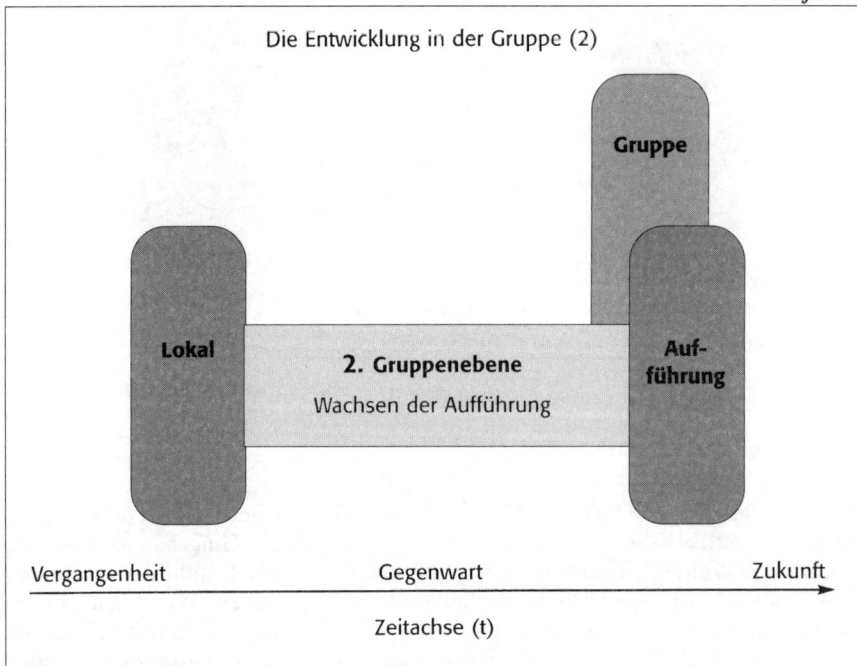

Grafik 8b

Die Entwicklung in der Gruppe (2)

Gruppe

Lokal

2. Gruppenebene

Wachsen der Aufführung

Aufführung

Vergangenheit   Gegenwart   Zukunft

Zeitachse (t)

Eine **Gruppe** kommt aus lokalen Zusammenhängen (Mitglieder einer Kirchengemeinde z.B. oder SchülerInnen einer Klasse, einer Schule) oder sie ist eine „freie"
Gründung. Wie ist sie zusammengekommen? Wann entstand sie? Gibt es ein Bewusstsein der eigenen Geschichte, einen Gründungsmythos? Wird er von allen geteilt? Müssen ‚Neue' integriert werden? Wie weit sind sie integriert? Welche Vorstellung hat die Gruppe von ihrer Aufgabe? Sieht sie sich als temporäre Hobbygruppe,
eine zeitweilige Zusammenkunft von selbständigen Individuen, oder hat sie das
Bewusstsein einer eigenen Identität, will sich eine eigene Identität schaffen?

Und wie sieht die Verbindung der Gruppe zu ihrer (lokalen) **Umgebung** aus? Distanziert sich die Gruppe von ihrer Umgebung, um dann mit einem Produkt, einer Aufführung die Begegnung (die Konfrontation) mit der lokalen Umgebung wieder aufzunehmen (oder sich auf Gastspielen, Theatertreffen einem weiteren, unbekannten Zu-
schauerkreis auszusetzen)? Oder bleibt sie (auch als Gruppe!) im ständigen Kontakt
mit ihrer Umgebung, teilnehmend, helfend, provozierend, auf Veränderung der Umgebung drängend? In welchem „Rahmen" sieht sie sich? Reagiert sie (nur) auf den
unmittelbaren Umkreis, den direkten Kontakt, oder sieht sie sich (im Extremfall global) in einem weiteren Bezug (Besuch von anderen Gruppen; Besuch des professionellen Theaters; Teilnahme an politischen, theaterpädagogischen Diskussionen ...)?
Ist das (intendierte) **Publikum** ein Teil des lokalen Umfelds (und wie ist es durch
Herkommen-Hingehören geprägt? ähnlich oder anders als die SpielerInnen?) – oder
ist es ein unbekanntes (entferntes, anonymes) Publikum, das sich erst in der Aufführung zeigt?

Wie auch immer: eine Amateurgruppe spiegelt (bewusst als Thema oder unbewusst in
der Gestaltung) ihr individuelles „Herkommen-Hingehören" in ihren Aufführungen.
Sie wird genau wie andere gesellschaftliche Gruppen von ihrer Vergangenheit geprägt, von ihr beeinflusst; sie kann sich distanzieren von ihrer Vergangenheit, von ihren lokalen Bindungen; sie kann sie pflegen und weiterentwickeln; sie kann sie ver-
klären und in ihnen aufgehen. Und: sie wird von der **Gesellschaft** ‚insgesamt' beeinflusst:

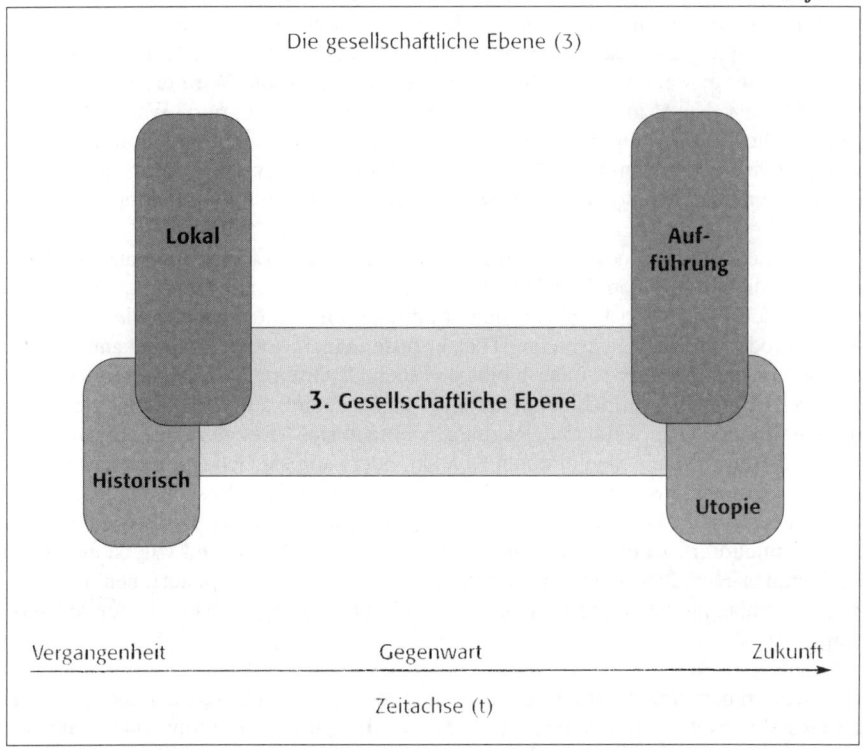

Grafik 8c

Die gesellschaftliche Ebene (3)

Lokal

Auf-
führung

3. Gesellschaftliche Ebene

Historisch

Utopie

Vergangenheit   Gegenwart   Zukunft

Zeitachse (t)

Woher kommt diese **Gesellschaft**? Was hat sie geprägt? Was sind (für uns) akzeptable, gute, was negative Erinnerungen? Welche Traditionen sind noch lebendig, was trägt sie mit sich?

Was entwickelt sich in die Zukunft hinein? Welche Visionen sind vorhanden? Was wird befürchtet? Welche Überraschungen könnten eintreten? Wohin geht die Gesellschaft? Wohin sollte sie, darf sie nicht gehen?

Was denkt sie selbst von sich, was denken wir von ihr, was wollen wir von ihr? Was wird von gesellschaftlichen Gruppen ernst genomen, was übersehen, was wird substanzlos „hochgepusht"?

Es geht also um einen doppelten Röntgenblick: in der Gegenwart noch die Vergangenheit sehen und die Verbindungen, die von einem zum anderen führen; in der Gegenwart schon die Zukunft ahnen mit möglichen Entwicklungen, die wir befördern oder abwehren können[50].

---

50 Vgl. Brecht mit seiner Warnung vor ‚statischem' Denken. (Fußnote 22)

Nun ist es freilich nicht immer so, dass mit der Gruppe verbundene historische Themen so nahe und bereit liegen wie bei den Theatermäusen. Oft müssen sie als eine
ferne, in die Ferne entrückte „Sache" erst herangeholt werden. Die eigene Vergangenheit mag in Bauwerken und Gegenständen räumlich immer noch nahe sein – zeitlich
ist sie fremd geworden. Es braucht also thematische Sacharbeit, um mit ihr wieder
vertraut zu werden und sie spielfähig zu machen. Das lässt sich bei den beiden Oden-
wälder Gruppen gut beobachten, die historisch deutlich zurück liegende Themen der
eigenen Vergangenheit bearbeiteten.

Ehe wir jedoch genauer auf diese Eigenproduktionen eingehen, hier noch einige we-
nige Übungen zu **Problem/Thema/Inhalt:**
► Brainstorming: Assoziationen sammeln.
► Assoziationen über Skizzen, Gegenstände, Fragen, Lückentexte ... provozieren.
► Materialsammlung: Bilder, Texte, Dokumente, Befragungen, Filme, Zeitungsaus-
schnitte ....
► Interviews machen: Betroffene befragen. Befragungen innerhalb des Ziel-Publi-
kums.
► Nach Meinungen fragen. Nach Erfahrungen fragen.
► Interviews innerhalb der Gruppe.
► Eigene Erfahrungen erzählen. Eigene Tagebücher, Fotos, Zeichnungen mitbringen.
► Bilder stellen. Assoziationen zu Bildern.
► Planspiele (Expertenrunde. Pro-und-Contra-Spiele).
► Absurde Annahmen zu Problem/Inhalt/Thema. Konsequenzen dieser Annahmen.
► Problem/Inhalt/Thema in einer völlig veränderten Umwelt, Zeit, Situation.
► Groteske Übersteigerung von Problem/Inhalt/Thema.
► Problem/Inhalt/Thema in verschiedenen Stil- und Darstellungsformen.
► Stoffsammlung in Form einer Ausstellung, einer Wandzeitung festhalten.
► Und natürlich: **Gespräche, Diskussionen** (alle Fragen in Kap. 19 können zu Ge-
sprächen Anlass geben, sollten aber auch in spielerischen Improvisationen untersucht
werden).

Wichtig ist zudem, welches Verhältnis das intendierte **Publikum** zu der geplanten
Theaterarbeit hat. Wir sollten also nicht nur Betroffene befragen, sondern auch „nor-
male" Leute: Was wissen sie von dem Thema unseres Stücks, was erwarten sie, was
können wir voraussetzen, was müssen wir neu vermitteln, wo müssen wir gegen fest-
gefahrene Ansichten des Publikums angehen?
   Eine genaue Beschäftigung mit dem Publikum und seinen (Vor-)Kenntnissen ist
insbesondere dann wichtig, wenn ein dem Publikum vertrautes Thema behandelt wird
wie bei DOTS und TEGS im folgenden Kapitel.

20. VOM (HEIMAT-)GESCHICHTLICHEN THEMA ZUR AUFFÜHRUNG (BEISPIELE 2 UND 3)

„Rote Haare – tote Ratte"
(TEGS Theater-AG der Ernst-Göbel-Schule, Hoechst/Odenwald)

„Kreizbrave Leit"
(Freie Gruppe DOTS, Beerfelden/ Odenwald)

Beide Gruppen sind lokal geprägt; sie betreiben Spurensicherung vor Ort und damit verbundenes heimatgeschichtliches Theater mit selbst entwickelten Stücken.

Das Zentrum der Gruppe **DOTS**, der historische Ort Beerfelden, wurde schon 1032 erstmalig urkundlich erwähnt. Er ist bekannt durch seinen „dreischläfrigen" Galgen aus dem Jahre 1597, einen der am besten erhaltenen Galgen Deutschlands. Der Platz um den Galgen herum war ursprünglich auch als Aufführungsort der „Kreizbraven Leit" gedacht; das fand jedoch bei den Behörden der Stadt keine Zustimmung.

Bei **TEGS** handelt es sich um eine Schulgruppe mit *„Schülerinnen, die sich gerne mit sich selbst und der unmittelbaren Umgebung Odenwald beschäftigen"*[51]. Sie setzten sich mit der Zeit nach dem Dreißigjährigen Krieg[52] *„auf eine ganzheitliche Art und Weise ... auseinander"*; so ergab sich die *„Möglichkeit einer ausgewogenen intellektuellen und affektiven Anteilnahme am Geschehen, was im tradierten Geschichtsunterricht selten der Fall ist"*.

Dots siedelte seine Untersuchungen in der Zeit der napoleonischen Kriege an, erkundete heimatgeschichtliche Ereignisse, Literatur und persönliche Lebensgeschichten aus der Sicht ‚kleiner Leute'[53].

---

51 Aus Protokollen/Berichten der Spielleiterin Eleonora Venado.

52 **„Rote Haare – tote Ratte"** spielt in der wirren Zeit nach dem 30jährigen Krieg. Das Mädchen Urschel muss aus ihrem Heimatort fliehen, weil Mutter und Großmutter als Hexen verurteilt wurden, sie also als ein ‚Hexenbalg' gilt. Das Stück zeigt ihre Ankunft im Odenwald, ihre Suche nach einem neuen Zuhause, nach Freunden, die Sehnsucht nach Frieden. *„Im stark entvölkerten Odenwald erfolgte (zu dieser Zeit) eine als gelungen anzusehende Integration der unterschiedlichsten Zuwanderer z.B. aus allen Teilen Deutschlands, Frankreichs und vor allem aus der Schweiz"* (E. Venado: Szenische Umsetzung narrativer Spielvorlagen. Schriftliche Hausarbeit, 1996, S.1).

53 **„Kreizbrave Leit"** basiert auf der authentischen Geschichte der Familie Kriechbaum. Das aus Improvisationen entstandene Stück spielt in Beerfelden im Jahre 1804, es zeigt die Restauration feudaler Verhältnisse, die Unterdrückung sozialer Erhebungen und nationalstaatlicher Bemühungen. Michel, Sohn einer verwitweten Korbmacherin, lässt sich vom Militär zur Verteidigung der linksrheinischen Gebiete werben. Die Versprechungen eines besseren Lebens und die Hoffnung, Mutter und stumme Schwester versorgen zu können, erfüllen sich nicht. Michel desertiert und wird so straffällig. Auch in seinem Heimatdorf kann er sich nicht mehr einrichten ...

Dabei war es für beide Gruppen wichtig, den Bezug des Themas bzw. des gewählten Stoffes zur Gruppe nicht zu verlieren (bzw. zu etablieren). Denn selbst wenn Spielleiterin und Spielleiter vom heimatgeschichtlichen Interesse ihrer Gruppen ausgehen konnten – präsent war der historische Stoff nicht, er musste erarbeitet werden. Deshalb war es notwendig, die Gruppen VOR Beginn der Ausgestaltung von Figuren, Inhalten und Szenen mit dem STOFF insgesamt vertraut zu machen und sich zu vergewissern, dass sie sich in diesem Stoff (wieder) finden konnten.

Der Arbeitsweg führte also über folgende Stationen:

	Thema
— —>	Eingrenzung des Themas
— —>	Spurensuche/Stofferarbeitung
— —>	Improvisationen
— —>	selbst geschriebenes Stück
— —>	Proben

▶ **Themen-/Rollenwünsche der Gruppe** sammeln:
„Die Gruppe hatte es abgelehnt, ‚heiße' Themen zu behandeln und öffentlich darzustellen …
Alle Jungen wünschen sich keine Liebesrollen … Alle Mädchen (bis auf zwei) wünschen sich etwas ‚Fieses, Gemeines'; alle Mädchen (bis auf zwei) wollen keine ‚Liebesszene'" [54].
„Bei den Mädchen spielt das Thema „Aussehen" eine große Rolle. Viele hübsche Mädchen der Theater-AG finden sich im Moment sehr hässlich, kokettieren damit. Dieses Thema konnte in der Stunde zum Thema ‚Schminken' (Hässlichkeit, Pest) aufgegriffen werden. In dem Band ‚In 300 Jahren vielleicht' wird beschrieben, wie sich Mädchen hässlich machen, um Vergewaltigungen, Verschleppungen usw. zu entgehen … eine gute Umdeutung zu dem ‚Problem' der Mädchen" [55].
Hexengeschichten und Hexenverfolgungen erwiesen sich also durchaus als ein Wunsch-Thema der Gruppe.
▶ **Spurensuche** in Archiven, Museen und Bibliotheken; Interviews mit Betroffenen, Heimatforschern …
▶ Anregung durch **Literatur** (Sachliteratur/Theatertexte). Die Beschäftigung mit der Literatur durch einen Fragenkatalog strukturieren[56].

---

54 Venado, Hausarbeit: S. 4, 27, 28
55 Venado, Hausarbeit: S. 25 f
56 Bei TEGS lasen die SchülerInnen von der Spielleiterin ausgewählte und gekürzt zusammengestellte Kinder- und Jugendbücher zum Sachthema, u.a. „Hexenbalg" von Therese Reinhard-Kren und „In dreihundert Jahren vielleicht" von Tilman Röhrig; dazu Texte aus dem „Simplizissimus" und den Hexenspruch aus „Macbeth". –
Bei DOTS wurde Brechts Mutter Courage gelesen und diskutiert.

▶ **Clustering**: zu einem Begriff möglichst viele Gedankenverbindungen herstellen, Assoziationen sammeln. Auf einem großen Blatt aufschreiben, zeichnen; Gegenstände zu dem Begriff sammeln; ein „Denkmal" dazu bauen, ein Environment.

▶ Texte **komprimieren**: Wörter zum gelesenen Buch aufschreiben.

▶ Texte **konkretisieren**: einen Begriff in ein Standbild umwandeln.

▶ Texte **komprimieren**: Sätze notieren, mit diesen Sätzen kleine Dialoge improvisieren: *„Die hat rote Haare, die ist ein Hexenbalg!"* *„Eine tote Ratte mit Pestbeulen lag bei uns im Stall."*

▶ **Statusspiele** zur Einführung in die gesellschaftliche Hierarchie und zur Verdeutlichung von Machtstrukturen, ausgehend von Bildern, Texten, Begriffen; zusammenfassendes Gesellschaftsstandbild bauen.

▶ Material sammeln und daraus einen **Sündenbock** bauen. Den Sündenbock beschimpfen. *„Du bist schuld, daß ich so schlecht bin in der Schule. – daß ich so häßlich bin (4x). – daß ich so einen Scheißbruder habe"* (Venado, S. 25).

▶ **Schimpfrunde** (die Schimpfenden stehen erhöht; die Beschimpften unten). Dabei ist es erlaubt/erwünscht, Kraftausdrücke (z.B. aus Grimmelshausen) zu benutzen

▶ **Schmuserunde**: *„Jeder sagt über den anderen/die andere etwas Wahres, Positives"* (Venado, S. 17).

▶ **Fantasiereise** zur Geschichte: Wenn wir 1650 gelebt hätten … (eine gute Möglichkeit zur Wiederholung und Vertiefung).

▶ Improvisierte Szenen zu einem **Stückentwurf** verbinden (eine Aufgabe des Spielleiters, die er möglicherweise auch zusammen mit der Gruppe oder mit einer dramaturgisch interessierten Teilgruppe angehen kann).

Im Unterschied zu den „Theatermäusen" (Kap. 18) lag das Thema bei DOTS und TEGS zwar nahe, war aber nicht präsent, sondern musste erst „erarbeitet", erkundet werden. Soweit nur der Spielleiter die Sachklärung übernimmt, muss er der Gruppe den unbekannten Stoff vermitteln; günstiger ist es, zumindest die wichtigsten Aspekte des Themas zusammen mit der Gruppe zu erarbeiten. Auf jeden Fall aber muss die Beziehung zwischen Thema und Gruppe intensiviert und gefestigt werden; die eigenen Gesetze des Sachinhalts, sein Umfang, seine Wertigkeit müssen respektiert werden. Je weiter das Thema von der Gruppe entfernt ist, umso gründlicher müssen Sachanalyse und Beziehungsarbeit sein, und umso umfangreicher sind sie. Spiel- und theaterpädagogische Spiele und Übungen, die dafür genutzt werden, sind in diesem Fall Methoden, Wege der Hinführung zur „Sache".

Ehe wir uns jedoch weiteren praktischen Erfahrungen nähern, will ich die Grafiken 8-8c aus dem engen Bezug zu dem spezifischen Thema „Herkommen-Hingehören" befreien; ihre Aussagen sollen also verallgemeinert werden, sich auf jedes mögliche Thema beziehen.

21. Sachanalyse und Bezug (Thema 3)

Versuchen wir, unsere Grafik für andere Themen zu nutzen, sei es „Freundschaft", „Streit", „Konflikt"; „Schuleschwänzen", „Tante-Emma-Läden"; „Globalisierung", „Umweltproblematik", „Dadaismus" oder was auch immer, so müssen wir auf einen vervielfachten Bezug achten:

- es geht zum einen (wie bisher!) um Interaktionsbeziehungen, d.h. um Ansichten, die unterschiedliche Personen(-gruppen) von diesen Themen haben;
- es geht weiterhin um die historischen Dimensionen des Themas (das war sehr deutlich beim Thema „Herkommen-Hingehören", gilt aber auch für alle anderen Themen);
- es geht (und das soll im Folgenden genauer untersucht werden) um eine Fülle von „Fakten", Informationen, Aussagen, die wir zu dem Thema sammeln oder sammeln können (die „Sachlage").

Diese (historisch verankerten) „Fakten" aber stehen zugleich in engster Beziehung zu den „Vermittlern" dieser Fakten (also den materiellen Medien: einem alten Dokument, einer historischen Abhandlung, einem konkreten Gegenstand – wie zu den menschlichen Vermittlern: dem Verfasser des Dokuments, dem Autor der Abhandlung, dem Hersteller des Gegenstandes, die jeweils ihre eigene „Ansicht" der „Sache" formuliert und geformt haben).

Es sieht also fast so aus, als gehe das „Thema an sich", die „Sache selbst" in diesen Beziehungen verloren:

den historischen Dimensionen,

den Beziehungen zwischen Thema und Vermittlern (Medien),

den persönlichen Interessen, Ansichten, Wünschen …

Das aber zeigt nur, wie schwierig es ist zu klären, was „der Fall" ist; es bleibt gleichwohl unabdingbar, zunächst geduldig nachzuforschen, zu sammeln und zu überprüfen – und dann verantwortliche Entscheidungen zu treffen.

Um zu verdeutlichen, was hier auf dem Spiel steht, zitiere ich Hartmut von Hentig. Er benennt „Theater und Science" als „die beiden Grundformen, in denen sich der Mensch die Welt aneignet: subjektive Anverwandlung und objektivierende Feststellung. An der Gewissheit, dass sich die Menschen weiterhin die Dinge verfügbar zu machen suchen, indem sie Gesetze herausfinden, ist nicht zu zweifeln. Der anderen hingegen muss man nachhelfen: dass es den Menschen gut tut, wo immer sie vereint sind, auch Theater zu spielen, weil es Lust bereitet, frei zu sein, wandelbar, Schöpfer seiner selbst und der eigenen Welt" (Bildung, Hanser 1993).

Stellen wir mit Hentig die beiden **Grundformen** noch einmal gegeneinander:
Die *„objektivierende Feststellung"* [57] (science) sucht, die *„Dinge verfügbar zu machen"*, sie will ihren Eigenwillen erkunden, ihnen auf die Sprünge kommen, *„Gesetze herausfinden"*.

Theater, bei Hentig die *„subjektive Anverwandlung"* (Theater), entspringt aus der *„Lust"*, *„frei zu sein"* und *„wandelbar"*, *„Schöpfer seiner selbst und der eigenen Welt"* zu werden.

Eine **Schöpfung ex nihilo**, aus dem Nichts heraus, wird freilich nur Gott zuerkannt; menschliche Schöpfungen entstehen aus Erfahrungen, sind „Anverwandlungen" von Vorhandenem. Theater, ob in bewusster Bindung an ein Thema oder nicht, ist also nicht schlichtweg „Lust" und „frei", sondern braucht die objektivierende Feststellung, in unserer Terminologie: die Sachanalyse. Schließlich muss ja schon immer etwas „vorhanden" sein, um „subjektiv anverwandelt" werden zu können – wobei schon die Auswahl dessen, WAS eine Anverwandlung lohnt, zur Anverwandlung reizt, subjektiv gefärbt ist.

Kommen wir zurück auf unsere Beispiel-Themen (s.o.) „Freundschaft", „Streit", „Konflikt" oder „Schuleschwänzen", „Tante-Emma-Laden" oder „Globalisierung", „Umweltproblematik", „Dadaismus", um die Spezifik nicht offensichtlich historischer Themen genauer zu explorieren:

- Was bedeuten die oben genannten Begriffe für jeden einzelnen?
- Welche Stellung hat die Gruppe dazu? Was gibt es in der Gruppe an Streit, an Konflikten, an Freundschaften, an Erfahrungen mit Schuleschwänzen, mit Umweltproblemen?
- Welchen Streit, welche Freundschaften, welche Erfahrungen mit Globalisierung gibt es in der sozialen, lokalen Gruppe (also bei dem Publikum der Aufführung)?
- Wie steht die Gesellschaft zu Freundschaft, Streit, Konflikt, zu dadaistischen Provokationen? „Freundschaft", „Konflikt" usw.: das gibt es nicht nur heute, sondern in historisch[58] verschiedenen Ausprägungen. Wir müssen also fragen:
- Gab es immer schon Freundschaft? Oder: Gibt es überhaupt noch Tante-Emma-Läden?
- Was ist an ihre Stelle getreten? Wie haben sie sich verändert? Werden sie sich verändern?
- Gab es früher schon Umweltprobleme? Wann tauchten sie auf? Und ist Globalisierung eine absolut neue Erscheinung?

---

57 Wohlgemerkt: nicht die objektive Feststellung!

58 Historisch war die eigene Verwobenheit in „Geschichte" und Entwicklung; vergl. die Grafiken 8-8c. Diese Verwobenheit bleibt auch dann, wenn sie nicht eigens zum Thema gemacht wird: ich als mich verändernd und verändert habend konfrontiere mich, die sich entwickelnde Gruppe konfrontiert sich mit dem Thema. In den weiteren Ausführungen und Fragen geht es dagegen um die Geschichtlichkeit von Begriffen, Erscheinungen, Ansichten, Phänomenen, Fakten …

- Allgemeiner: Welche Relevanz, welche Schattierungen hat das Thema in anderen, früheren Gesellschaften? Welche Relevanz könnte es in einer künftigen Gesellschaft haben (die wir wünschen, die wir fürchten)?

Überlegungen dieser Art reichern das Thema an, machen es komplexer, sind wichtig für die Vorbereitung des Konzepts und ermöglichen den Zugang zu Rollen und Situationen aus historischem Wissen UND aus persönlichen Erfahrungen und Wünschen[59].

Freilich kann keine Gruppe all das spielen, was sie in den Vorbereitungen herausfindet; sie muss auswählen, auf einen Aspekt, eine zentrale Fragestellung konzentrieren – aber sie sollte um das Gesamtproblem, das Thema insgesamt und seine Verortung in der Gesellschaft wissen. Sie sollte nicht naiv jede vorfindbare Information für bare Münze nehmen, sondern das Material kritisch befragen; sie sollte Sachbeiträge, Fakten, Informationen mit einem „historischen" Blick lesen; sie sollte nach den spezifischen Intentionen der Überlieferung fragen, auch wenn die Botschaften weder vom Medium noch vom Übermittler rein abzulösen sind, sondern immer schon gestaltet und interpretiert vor uns liegen. Das gilt besonders dann, wenn wir mit geformten Texten, also etwa dem (Theater-)Text eines Autors arbeiten (diese besondere Problematik wird auf S. 76 behandelt; als Beispiel greifen wir wiederum auf Goethes „Lila" zurück).

Noch einmal: Die Grafiken 8 – 8c wurden entwickelt für das Thema „Herkommen-Hingehören", sie sind deshalb gleichsam natürlicher Weise zeitbezogen, „historisch", beziehen Vergangenheit und Zukunft mit ein und weisen mit der Zeitachse t (tempus = Zeit) ausdrücklich darauf hin. Aber auch, wenn ein Thema sich nicht so deutlich auf Chronologie und Geschichte bezieht, ist die **historische Dimension** immer vorhanden und zu bedenken. Wir leben in einer sich wandelnden Welt; wir verzerren und verzeichnen sie, wenn wir sie als dauerhaft ansehen oder darstellen.

Genau so wichtig für Theaterarbeit aber ist es, die **Beziehungsdimension** von Themen zu erkennen, zu bedenken und in die theatrale Gestaltung einzubeziehen. Es geht nicht um Themen, Sachen, Probleme „an sich", sondern Themen IN BEZUG auf den Spieler, die Spielerin, die Spielgruppe: Theater als **subjektive** Anverwandlung. Was sagen WIR dazu, was geht dieses Problem UNS an, welche spezifische Beziehung habe ICH zu dieser Sache? – diese Fragen sind kennzeichnend für theatrale Ge-

---

59 Auch bei einem Stück bloßer **Unterhaltung**, der unprätentiösen Spaßinszenierung einer Boulevardkomödie oder eines Sketches sollte zumindest der Regisseur einige Gedanken darauf verwenden, welche Funktion Unterhaltung in dieser Gesellschaft (bei dem Publikum der Gruppe) hat und wie er, wie die Gruppe zur (gesellschaftlich akzeptierten oder tabuisierten) Unterhaltung steht; er sollte überprüfen, welche (gesellschafts-)politischen Positionen von (witzigen) Pointen propagiert werden, welche spezifischen Unterhaltungswünsche „sein" Publikum hat und welche dieser Wünsche er gern erfüllt.

staltungen; sie gehen über die reine Sachanalyse hinaus. Und: sie sollten auch für das Publikum gestellt werden[60]; sie müssen gestellt werden für die Bühnenfiguren.

Der Komplex Problem/Thema/Inhalt/Faktum, so hatten wir schon am Beispiel von „Lila" (Kap. 14/15) deutlich gemacht, hat demnach immer mindestens drei Dimensionen:
- das Problem in der Spielgruppe (der Regisseur und das Problem),
- das Problem in der gegenwärtigen Gesellschaft (global, lokal, beim Publikum),
- das Problem in der uns vorliegenden Quelle, z.b. im Text (beim Autor, in der Zeit des Autors, für die Figuren des Textes).

Dabei stellt uns die Quelle, das Material, das wir für unsere Theaterarbeit nutzen wollen, vor einige neue Herausforderungen. Schon bei „Lila", dem relativ unbekannten Stück Goethes, wurde deutlich, wie viele Fragen ein Autorentext aufwirft, wie wichtig eine Klärung darüber ist, wie **der Autor und sein Text** sich zu den aufgeworfenen Problemen (zu Thema, Inhalt, Fakten) verhalten[61].

Jetzt können wir spezifischere Fragen formulieren, die direkt aus dem Text (und/oder der Biographie des Autors, anderen Texten des Autors) beantwortet werden müssen, also nicht nur
- Was bedeutete Therapie (Beziehung) bei Goethe, in der Goethe-Zeit? sondern auch:
- Was bedeutet Therapie (Beziehung) für die Figuren aus Goethes Stück?

Die Beantwortung z.B. der letzten Frage ist wichtig für die Darsteller; sie können die Figuren kaum spielen, wenn sie nicht über deren wichtigste Ansichten Bescheid wissen. Und nicht zu vergessen:
- Haben Goethe und seine Theaterfiguren die gleichen Ansichten?

Fragen dieser Art sind freilich nicht nur bei einem (historischen oder zeitgenössischen) Autorentext, sondern auch bei einem eigenen Stück wichtig:
- Was bedeutet das Problem für die Figuren des Stücks (wir dürfen und müssen sie nicht naiv identisch setzen mit der Gruppe bzw. den Autoren!)?
- Was bedeutet das Problem (ein bestimmtes Faktum) in der Zeit des Stückes (soweit es nicht in der Gegenwart spielt)?
- Sind die Figuren klüger als ihre Zeit, sollen sie klüger sein (dann sollten historische Brüche bemerkbar gemacht werden) oder:

---

60 Ganz sicher müssen diese Fragen gestellt werden beim Kinder- und Jugendtheater bzw., allgemeiner formuliert, beim Zielgruppentheater, geht es dabei doch um ein spezifisches Theater FÜR eine bestimmte Gruppe (vergl. Fußnote 69).
61 Der Autor ist in seinem Text ja gleichsam der (durchaus eigenwillige!) Vermittler der „Fakten", der „Sachlage".

- Agieren sie aus dem Wissen ihrer Zeit heraus (wäre dann das heutige Publikum klüger als sie)?

Fragen dieser Art stellen sich für jedes „Faktum", vor allem aber für jeden Autorentext; zumindest der Spielleiter muss um fragliche Probleme und mögliche Antworten wissen. Sie müssen freilich nicht zum Zentrum der Theaterarbeit, zum Thema gemacht werden; Spielleiter und Gruppe können frei wählen, welche Inhalte Kern der Theaterarbeit werden sollen. Sie können also auch von anderen Aspekten eines vorliegenden Textes ausgehen. In Schwitters „Zusammenstoß", einer Groteske zum Weltuntergang (vergl. das folgende Kapitel) muss also nicht unbedingt der Weltuntergang thematisiert werden.

Ehe wir jedoch genauer auf den „Zusammenstoß" eingehen, hier noch einige wenige Übungen zum **Verhältnis Autor-Text-Gegenwart:**
▶ eine **Streitszene** zwischen Goethe als „Besserwisser" und einer seiner Theaterfiguren,
▶ ein **Interview** zwischen einem Reporter von heute und einer Figur des 18. Jahrhunderts,
▶ eine **Befragung** von Straßenpassanten durch Figuren des Stücks; diese sind durch Kostüm und Ausdrucksweise präzise charakterisiert.

22. DIE FORM ALS PROBLEM: DADAISMUS/GROTESKE

BEISPIEL 4: „Der Zusammenstoß". Eine groteske Oper nach Kurt Schwitters
(Jacob-Grimm-Schule Kassel)

„Die Jacob-Grimm-Schule in Kassel ist ein reines Oberstufengymnasium (Klasse 11 - 13). Im Bereich darstellendes Spiel gibt es ... eine AG, die seit 8 Jahren von mir geleitet wird", so der Spielleiter Ede Müller[62]. *„Neben dem darstellenden Spiel entwikkelt sich zur Zeit eine Tanztheatergruppe"*. Die SpielerInnen sind *„meist drei Jahre in der Gruppe"*, verlassen sie nach dem Abitur; in jeder Inszenierungsgruppe gibt es also *„ein Drittel bis zur Hälfte"* neue SpielerInnen. Eine erste Arbeits-Phase *„bis zu den Herbstferien (ist) ein Angebot für alle Interessierten"*, die sich danach verbindlich entscheiden müssen, ob sie weiter mitmachen.
    „Ungefähr die Hälfte der Gruppe spielt jetzt im dritten Jahr bei mir und will zum Abschluß ihrer schulischen Theaterarbeit nach zwei Collagen ein Stück spielen. Die andere Hälfte war neu und hatte noch wenig konkrete Vorstellungen. Vorüberlegungen im letzten Schuljahr liefen auf das Stück „Der Zusammenstoß" von Kurt Schwitters, eine groteske Oper, hinaus" (EM, 2).

---

62 Dies und alle folgenden Zitate aus Edmund Müller: Schriftliche Hausarbeit im Fach Darstellendes Spiel für die Abschlussprüfung für erweiternde Studien, Kassel 1996, hier S. 1.

In seinem Gespräch mit D. Dörger erläutert der Spielleiter: *„Ich merke halt eben ganz deutlich, daß es jetzt mittlerweile so Produktionszyklen gibt ausgerichtet auf die Leute, die drei Jahre dabei sind. Ich merke, die wollen alle mindestes einmal ein Stück spielen. Wobei sie und ich mit solchen Collagengeschichten einfach bessere Erfahrungen gemacht haben. Und trotzdem, irgendwann muß mal ein Stück kommen"* [63]

Weitere **Mitwirkende**: die *„als Sportkurs angebotene Tanztheatergruppe"*; der Musikleistungskurs in der Jahrgangsstufe 12, für ihn gab es *„interessante Kompositionsmöglichkeiten ... Eine Gruppe von Kunstlehrern, wie auch Schüler aus deren Kursen, waren für Schwitters und dadaistische Bühnenbilder unmittelbar zu begeistern. In toto waren rund 100 Schüler an dieser Produktion beteiligt. ... Ein Deutsch-Leistungskurs stieß noch dazu, der das Thema „Dadaismus" als Ausgangspunkt für kreatives Schreiben benutzen wollte. Die Ergebnisse sollten dann in das Programmheft aufgenommen werden"* (EM, 3, 12).

Schon der Ausgangswunsch der älteren SchülerInnen weist darauf hin, dass sie vor allem ein formales Interesse verfolgten: „**ein Stück spielen**". Das setzt sich in der weiteren Arbeit fort. *„Bei uns war aber das Interesse, dieses pralle Stück in all seinen Facetten umzusetzen, größer als die Bereitschaft, uns dem Thema zu stellen"* (EM,☐9).

Thema war also NICHT der Weltuntergang („Der Zusammenstoß"), sondern die „groteske Oper", die Erkundung und Realisierung einer Form[64]. Die **Diskussion des Begriffs ‚Groteske'** machte *„schnell deutlich, daß wir darunter spielerisch eine Form verstanden, die aus der Gleichzeitigkeit unterschiedlicher Mittel zu entstehen hat. Ausdrucksformen, Texte, Bilder und Musik sollten sich nicht gegenseitig doppeln, sondern kontrastierend zueinander gesetzt werden. Dieser Ansatz sollte immer wieder überprüft werden und in den Übungen der Trainingsphase bestimmend sein"*. Es ging den SpielerInnen also um die *„Verbindung heterogener Felder, die Montage von für uns getrennten Bereichen"*; es ging um *„ein Spiel mit dem Absurden"* (Wolfgang Kayser) – *„unter keinen Umständen (um) Sinngebungen"*. Neben Kayser wurde zurückgegriffen auf Philip Thomson und seinen Aufsatz „Funktionen der Groteske" [65] : *„Jammertal und Zirkus sind eins, eine Tragödie ist auch ein wenig komisch, und das Komische hat seine eigene Tragik."* Damit verhindert nach Thomson die in der Groteske gesteigerte Mehrdeutigkeit *„die eindeutige Einordnung in das System unserer Weltorientierung"* (EM, 5 f).

---

63 Dagmar Dörger: Spielleiterbiographien. Ergebnis der wissenschaftlichen Begleitung zum Modellversuch, S. 72

64 Inhaltlich geht es bei Schwitters um einen Kometen, der auf dem Potsdamer Platz in Berlin aufschlagen soll, und um die verschiedenen Reaktionen auf die drohende Katastrophe. Von der „Oper" liegt nur der Text vor; sie war also noch zu komponieren (der Beitrag des Musik-Leistungskurses).

65 In: Otto Best (Hrsg.): Das Groteske in der Dichtung, Darmstadt 1980; S. 108. Vergl. auch Wolfgang Kayser: Das Groteske. Seine Gestaltung in Malerei und Dichtung, Oldenburg 1957.–

Aus den Spielwünschen der Gruppe und den Überlegungen zur Form der Groteske entwickelte sich die **Inszenierungsidee**: *„Die Konzeption der Groteske, und speziell Schwitters Vorstellung davon, laden geradezu ein, die Aussage des Stückes getrost an den Zuschauer zu delegieren. Im Spiel der Formen und Ebenen soll es möglichst bunt und unterschiedlich zugehen, um die beabsichtigte Kontrastwirkung bestmöglichst zu erreichen. ... So, abgestützt durch Literaturwissenschaft und Schwittersche Manifeste, traten wir ganz dadaistisch an, ohne einen Sinn, eine Fabel in das Ganze legen zu wollen. Sollte sich doch der Zuschauer seinen Teil denken. Wir wollten ihm zumindest genug Assoziationsmaterial bieten.*

Ein zweiter Grund (für den Verzicht auf eine inhaltlich-problembezogene Arbeit) ist eher oberstufenspezifisch. Gerade Schüler, die es gewohnt sind, an vielen Stellen im Unterricht alles zu problematisieren, haben die Tendenz, in ihren Freiräumen davon auch mal Abstand zu gewinnen und sich subjektiv sinnlich auf ein Vorhaben einzulassen. Diese Haltung muß man nicht gut finden, aber sie war für die Diskussion in dieser Gruppe Realität. ... So wurde unsere Inszenierungsidee eher formal als inhaltlich: In immer wieder neuen Kontrastierungen die unterschiedlichsten, aber von allen nicht ernst gemeinten Haltungen zu einer sich abzeichnenden Katastrophe aufzuzeigen und sich dabei selbst in immer neuen Figuren und Haltungen zu erproben und zu erfahren" (EM, 9 f).

Der **Verzicht auf eine inhaltliche Akzentuierung** (oder Stellungnahme), die Konzentration auf die Form wurde der Gruppe von mancher Seite als *„fehlender Ernst"* vorgeworfen. Gefragt wurde: *„Ist dieses ganze Aufgebot an Weltuntergangsphantasien und Reaktionen nur eine groteske Vorführung von absonderlichen Typen und deren merkwürdigem Verhalten, und damit auch nur eine Genrestudie, die existentielle Betroffenheit bei Spielern wie Zuschauern nicht aufkommen läßt? Wo ist die Verknüpfung der eigenen Ängste mit dem ausgelassenen Spiel? Sofern die Antwort in einen appellativen Umgang mit dem Text münden könnte, haben wir dies verworfen. Die Kernaussage ist auch aus dem Text nur schwer auszumachen. Schwitters selbst hat in verschiedenen Schlüssen hierzu keine Position bezogen. Wir haben uns auch eher um eine solche Positionsbestimmung gedrückt. Im negativen entsteht dadurch natürlich auch eine Message: Keine der Figuren dieses Stückes ist für uns glaubhaft und kann in ihrem Verhalten ernst genommen werden. So erlauben wir uns, das ganze Personal zu Karikaturen zu machen"* (EM, 28).

In seiner nachträglichen Reflexion räumt Ede Müller ein: *„In den Konzeptionsgesprächen wurde dieser (inhaltliche) Aspekt viel zu knapp behandelt. Hier stand(en) eher Aufbau und Umsetzung einzelner Szenen und die gewählte Form im Vordergrund und nicht der eigene Bezug zur gewählten Thematik. Daß dies so passiert ist, liegt meiner Einschätzung nach in erster Linie an der Zeitknappheit. Relativ früh, nach der Entscheidung für dieses Stück, lief hier eine Maschinerie an, die auf den frühen Premierentermin insistierte und Reflexionsphasen eher an den Rand verbannte. Hier zwingt und ermöglicht auch die gewählte Form den z.T. unreflektierten Umgang: Qualitätsmerkmal dieser Inszenierung ist die Stimmigkeit im formalen Ablauf und*

nicht so sehr die Stringenz der Aussage. Psychologisches Spiel tritt dabei in den Hin-
tergrund, ja ist fast (siehe manche Hauptfiguren) eher schädlich" (EM, 28f).

Hier möchte ich den Spielleiter gegen seine eigene Kritik in Schutz nehmen. Es gibt
keine unbedingte Verpflichtung, die inhaltliche Problematik eines Theatertextes herauszuarbeiten und zu akzentuieren. Es ist legitim, Formfragen bewusst zum Thema
zu machen und die Inszenierung primär (nicht ausschließlich!) unter Berücksichtigung von formalen Gesetzen zu entwickeln. Eine *„sehr formale und stilisierte Anlage*
der Inszenierung" führt dann konsequenterweise auch zu entsprechenden Bewer-
tungsmaßstäben. *„Qualitätsmerkmal dieser Inszenierung ist die Stimmigkeit im for-*
malen Ablauf und nicht so sehr die Stringenz der Aussage ... Dieses Stück ist eine
Fundgrube für außergewöhnliche Spielanlässe und setzt Phantasie auf allen Ebenen
frei, die sich dann in Bewegung, Artikulation, Choreographie, Musik, Bühnenbild und
Technik auslebt. Die Gefahr liegt hier im Überborden der Ideen, der schlampigen
Ausführung bzw. der reinen Aneinanderreihung der Kicks, die u.U. in den großen
Leerlauf kippt ..." (EM, 29).

Fügen wir noch hinzu, dass auch bei einem Verzicht auf Sinn (auf einen Gesamtsinn,
eine Gesamtaussage der Aufführung) in jeder Szene und in jedem Moment immer
wieder inhaltliche Sinn-Inseln entstehen (oder bewusst gestaltet werden können), die
überprüft und verantwortet werden müssen – oder gegebenenfalls zu zerstören sind.

Abschließend jedenfalls verteidigt der Spielleiter mit vollem Recht seine **Spielform**:
„Die sehr formale und stilisierte Anlage der Inszenierung hat sich aus meiner Sicht
sehr bewährt. Anfänglich haftete der ganzen Erarbeitung eher der Odem der Belie-
bigkeit an. Bei der Auswahl der jeweiligen Kontraste war zu Beginn fast alles er-
laubt. Mehr und mehr entstand aber durch Festlegungen ein Koordinatensystem, das
weitere Konkretisierung immer mehr determinierte. Stand einmal die Grobidee, war
es in dieser Form relativ leicht, zu proben. Haltungen und Bewegungen auf der Büh-
ne wurden in ihre Einzelbestandteile zerlegt und so lange geprobt, bis sie selbstver-
ständlich wurden. Im Unterschied zur psychologischen Figurenerarbeitung ergab
sich auch schnell ein gemeinsames Vokabular, das den Spielern präzise Anweisungen
und Hilfestellungen geben konnte. ... Aus all diesen Gründen heraus kann ich den
gewählten Ansatz: von außen nach innen, Kontrastierung der verschiedenen Elemen-
te und Musikalisierung, nur empfehlen" (EM, 30).

Abschließend einige Beispiele aus der praktischen Arbeit, die von Beginn an Form-
studien, also Erkundungen von Möglichkeiten der Groteske mit einbezieht (14ff):
▶ Diskussionen zum **Begriff der Groteske**. Es *„wurde deutlich, daß unsere allge-*
meine Vorstellung zu diesem Begriff stark auf die Unvereinbarkeit verschiedener Si-
tuationen abzielte. Wo? Wer? Was? aber auch Wie? passten nicht unmittelbar zusam-
men. Aus der Parallelität zweier nicht zusammengehöriger Handlungen können gro-
teske Situationen entstehen".

▶ Überprüfung: Zu einem Reizwort unabhängig voneinander entstandene Szenen miteinander verschneiden und damit entsprechende Eindrücke auslösen.
▶ Literaturstudium zu den Themen Dadaismus/Groteske

Ansätze zur **Erkundung grotesker Spielformen**:
▶ Bezug zwischen abstrakt, ohne Zusammenhang hergestellten Körperfiguren und Figuren aus dem Stück soll hergestellt werden.
▶ *„Tempowechsel: Zwei Tätigkeiten (z.B. Kämmen, nach Kleingeld suchen. Trinken, rauchen.) sollen ausgeführt werden. Das Tempo der beiden Tätigkeiten soll extrem unterschiedlich sein. Pausen dazwischen sind erlaubt. Die Tätigkeiten sollen immer gewechselt werden.*
▶ *Eine Mitteilung, die nicht zustande kommt: Ein Darsteller setzt zwei Minuten lang zu einer Mitteilung an einen Partner an. Er bekommt aber nicht einmal den Anfang dieser Mitteilung heraus, kann sich nicht entscheiden, wie er es am besten beginnt, und bricht jeden Ansatz wieder ab, um es doch lieber anders zu versuchen.*
▶ *Strapazierte Geduld: Ein Darsteller macht den Zuschauern eine kurze Mitteilung völlig belanglosen Inhalts und versucht, durch Pausen von maximal erträglicher Länge der Mitteilung eine übermäßige Wichtigkeit zu geben. Diese Pausen können mitten im Satz auftreten – Wie lang dürfen sie sein?"*

▶ *„**Bewußtmachung theatraler Prozesse**: 2 Spieler erhalten die Anweisung, nichts zu tun. Dies spielen sie vor. Die Zuschauer beobachten und berichten dann, was sie gesehen haben.*
▶ *Sacktragen: beliebigen Satz sprechen, dann einen anderen auf den Rücken nehmen. Satz wiederholen.*
▶ *Reiter und Pferd: Ein Spieler sitzt auf einem anderen. Dieser spricht und versucht dabei, seinen Reiter abzuwerfen. Erkennen der Stimmvergrößerung durch Körperspannung.*
▶ *Dominanzübung: Zwei gleichgroße Spieler stellen sich gegenüber auf, ohne sich zu berühren. Ohne Kontakt aufzunehmen, sollen sie sich von der Stelle drängen. Wer sich zuerst aus dem Stand bewegt, hat verloren.*
▶ *Einer tritt vor die Gruppe und beschimpft sie. Die anderen wiederholen das Schimpfwort und sprechen es zärtlich aus. Dasselbe mit zärtlichen Worten."*

▶ *„**Publikumsanimation**: Je drei Spieler versuchen, sich gegenseitig vor dem Publikum auszustechen. Welche Aktionen können das Publikum fesseln? Wichtig: Publikumsanimation und Augenkontakt.*
▶ *Ausprobieren der Publikumsanimation als Zeitungsverkäufer.–*
Erste Stilisierung: Sprache und Bewegung sollen wiederholbar gemacht werden. Zweite Stilisierung: Sprache und Bewegung werden voneinander abgesetzt und können sich auch gegensätzlich zueinander verhalten.

Auffällig an dieser Stunde, war zunächst die Schwierigkeit der Neuen, sich auf diese Form von Publikumsanimation einzulassen. Zu viel wurde überlegt und zu wenig wurde sich getraut. Nach den ersten Runden stieg auch das Selbstvertrauen. Speziell in den Gestaltungsübungen zeigten sich gerade die etwas Schüchternen als stark, die wohl hier durch die vorgegebene Form der Inhaltsreduzierung sich mehr auf andere Bereiche konzentrieren konnten. Das Prinzip der Wiederholung, Reduzierung und Stilisierung als ausdrucksstarkes Mittel der Publikumsanimation wurde hier gut begriffen und als hilfreiche Repertoiretechnik aufgenommen, um gerade die im ersten Teil der Stunde selbst erfahrene Unsicherheit im Spiel mit dem Publikum zu meistern."

Die Theaterarbeit der Jacob-Grimm-Schule zeigt noch ein zweites Charakteristikum: die **Großform** (über 100 Mitwirkende, Musik-, Tanz-, Bühnenbild-, Programmheft-Gruppe, s.o.). Auch dazu äußert sich der Spielleiter, zugleich Musiklehrer im Musikleistungskurs, kritisch: *„Die Öffnung der Theaterarbeit hin zu anderen Fächern und Arbeitsgruppen der Schule ist grundsätzlich zu begrüßen und erstrebenswert. Projektarbeit unter interdisziplinärem Ansatz ist eine Bereicherung und Erweiterung auf Grund der unterschiedlichen Möglichkeiten und fachlichen Voraussetzungen aller beteiligten Gruppen. Die besondere Schwierigkeit liegt in der Herstellung und Vermittlung der gemeinsamen Inszenierungsabsicht. Ziel kann nur die Integration aller beteiligten Gruppen und nicht nur die Addition der individuellen Arbeitsergebnisse sein. Gemeinsame Planung ist hierfür unabdingbar. Dazu gehört auch ein wesentlich längerer theoretischer Vorlauf. Die Gefahr liegt darin, daß zu früh nur noch gewerkelt wird und dann Ergebnisse dastehen, mit denen die Gesamtkonzeption nur begrenzt harmoniert. ... (Dabei ist) besonders problematisch die Verbindlichkeit einer gemeinsamen Ästhetik"* (EM, a.a.O.).

Fassen wir zusammen: Die älteren SchülerInnen hatten den Ansatz ausgesucht; sie wollten etwas Richtiges, richtiges Theater, ein „Stück". Dabei war ihnen das Thema Zeitgeschichte, Weltuntergang unwichtig; diese Probleme nahmen sie nicht ernst, auch eine eigene Stellungnahme reizte sie nicht. Attraktiv war das lustvolle Theatermachen; dafür waren Dadaismus, Groteske, Oper, also spezifische Stil-FORMEN, zu erarbeiten, ein Darstellungs-Stil war zu finden. Es ging in der Theaterarbeit also darum, ein WERK an sich zu komponieren und zu realisieren. Von daher bestimmte sich der **Erarbeitungsweg**:

> Stückwahl
> —> Stilwahl
> —> Stilübungen
> —> Improvisationen
> —> Proben
> —> Aufführung.

Festhalten sollten wir, dass Formfragen immer AUCH Thema sein müssen, und dass sie zum Hauptthema, zur eigentlichen Inszenierungsaufgabe werden können.

23. Thema als Aufgabe und Arbeitshilfe (Thema 4)

Wir hatten Thema bereits als Kurzfassung bzw. als Aufgabenstellung bezeichnet; sie muss freilich NICHT unbedingt als SPRACHLICHE Formulierung auftreten, sondern kann auch durch einen Gegenstand gegeben werden (dann wesentlich konkreter und spezifischer als in der sprachlichen Formulierung) oder durch ein Bild. So schrieb Kleist seinen „Zerbrochenen Krug" ausgehend von einem Kupferstich (der freilich einiges mehr als einen Krug zeigte)[66].

Wie auch immer aber die (zusammenfassende) Formulierung aussieht, ob sprachlich, gestisch, bildnerisch formuliert oder als konkreter Gegenstand gegeben, als Thema ist sie im äußerlichen Sinn eher auf den Stoff, in einem tieferen Sinn auf die Aussage, manchmal auch auf eine Form bezogen[67]:
- entweder als Interpretationsaufgabe (das Thema eines gegebenen Werkes herausfinden und formulieren)
- oder als Gestaltungsaufgabe (ein gegebenes Thema ausführen).

Wir finden also auch hier die für Spiel und Theater typische Doppelbewegung zwischen Abstrahieren und Konkretisieren (vergl. Kap. 10) und gehen jetzt genauer auf Wortbedeutung und Terminologie ein, um weitere Hinweise für unsere Praxis zu finden.

In Wörterbüchern wird **Thema** gegenwärtig mit folgenden Bedeutungen aufgeführt: Aufgabe, zu behandelnder Gegenstand; behandelter Gegenstand, Stoff, Gesprächsstoff; Gegenstand einer Abhandlung, eines Gesprächs; Haupt-, Leit-, Grundgedanke; Leitmotiv, Hauptmelodie (Hauptgedanke) eines Musikstücks. Der heutige Wortinhalt entspricht also immer noch ziemlich genau dem griechisch-lateinischen „thema" (Behauptung, Ausspruch; das Aufgestellte, das Gesetzte, der (aufgestellte) Satz; der abzuhandelnde Gegenstand), das als Substantiv gebildet wurde zu dem Verb „tithenai": setzen, (auf)stellen, legen, meinen, setzen als, annehmen, voraussetzen. Tithenai gehört zur weit zurückreichenden, vielfältig verzweigten indoeuropäischen Wortwurzel „dhe, dha", von der u.a. das althochdeutsche „tuon" = tun stammt. Ein „Tun" ist ein „Setzen"; ein Thema das „Gesetzte".

---

66 „La cruche cassée" von Le Veau (nach einem verschollenen Gemälde von Debucourt). Die drei Freunde Wieland, Zschokke und Kleist hatten den Stich während einer Schweizer Reise 1802 gesehen und gelobt, ihre „eigentümliche Ansicht" (Zschokke) schriftlich auszuführen.

67 Das entspricht der Bedeutung des engl. theme wie des frz. thème: Thema, Idee, Gehalt, Motiv. Dazu Goethe: „Alle ungebildeten Menschen werden durch den Stoff, nicht durch die Behandlung interessiert" (Schriften zur Literatur. Entwurf zu einem Volksbuch historischen Inhalts) und: „Den Stoff sieht jedermann vor sich, den Gehalt findet nur der, der etwas dazu zu tun hat, und die Form ist ein Geheimnis den meisten" (Maximen und Reflexionen 289).

Am Beispiel einer Klassenarbeit hatten wir bereits ein erstes Abfolge-Modell entwikkelt, das vom Thema ausgeht (vergl. Kap. 17):

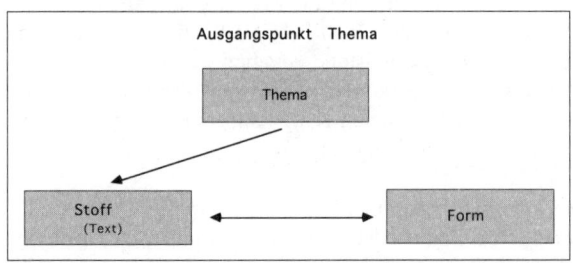

Grafik 7

Die Theaterarbeit der Geschwister-Scholl-Schule Offenbach (vergl. Kap. 18) wie die
von DOTS und TEGS (Kap. 20) waren Beispiele dafür, wie die formelhafte (abstra-
hierende) Kurzfassung (das Thema) als Stoff entfaltet, dabei (notwendig) in einer
besonderen (Theater-)Form sichtbar wurde und eine spezifische Aussage realisierte.
Um den dabei notwendigen Arbeitsprozess zu verdeutlichen, formulieren wir die
Grafik 7 noch einmal mit Verben, die das Tätigsein akzentuieren und damit die Dynamik des Ablaufs unterstreichen:

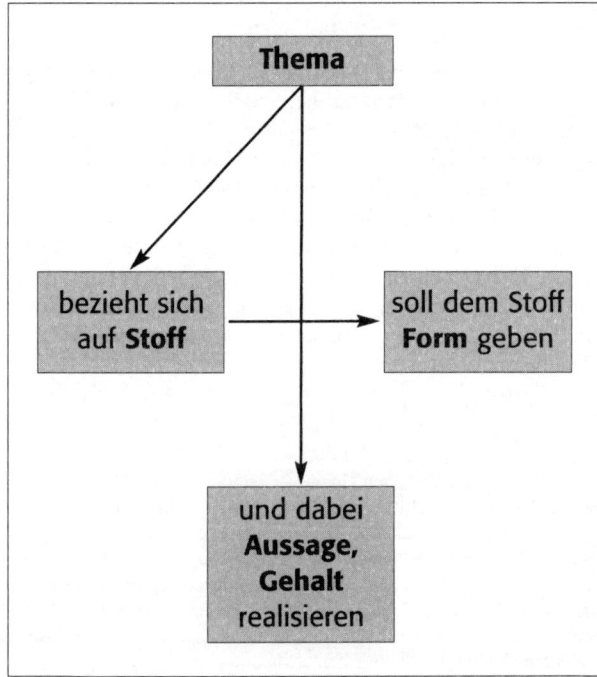

Grafik 7a

Das sich in der Bearbeitung konkretisierende und sich dabei stofflich-inhaltlich anreichernde Thema kann in unterschiedlichen Formen realisiert werden. Es wird z.b. zu
- einer Geschichte (story),
- einer Abhandlung,
- einem Geschehen (einer Szene),
- einer Szenenfolge (z.b. einem Comic),
- einem Sachtext,
- einer Theateraufführung ...

Als Theater kann es wiederum unterschiedliche Formen (Montage, Stationendrama, Kabarett, Singspiel usw.) annehmen; die gewählte Form wird zurückwirken auf den Inhalt wie auf die Aussage. Stoff/Form/Aussage (Gehalt) stehen in nicht auflösbarer Wechselwirkung zueinander; kein „Faktor" kann unabhängig von den anderen für sich allein bearbeitet werden.

Halten wir fest:
1. Zum einen ist der Stoff (auch Inhalt, Sujet, Gegenstand genannt) immer schon „vermittelt", vor allem, wenn er in eine (künstlerische) „Form" gebracht, d.h. mit Idee, Gehalt, Aussage verbunden wurde (die dann vom Leser, Hörer, Rezipienten wiederum interpretiert werden kann). Je weiter der Inhalt entfaltet wurde, je kunstvoller, ausgearbeiteter, raffinierter die Form, umso dichter ist der Inhalt in ihr aufgehoben. Umgekehrt: Je roher, unbearbeiteter, ungeformter der Inhalt vorliegt, umso eher kann er „abgelöst", von der Form getrennt werden (Adorno). Das aber heißt, dass wir

2. zum anderen (zumindest kategorial) unterscheiden können zwischen dem Inhalt (dem Stoff, Sujet, Gegenstand oder Vorwurf), wie er vor der Bearbeitung (durch den Autor, durch die Theatergruppe) vorliegt, und dem geformten Inhalt, der in eine besondere Richtung hin gestaltet wurde – und sich dann bezieht auf eine Aussage, eine Idee, sich angereichert hat mit einem besonderen Gehalt – der dann wiederum in besonderer Weise den Gestalter „ausdrückt", ihn, seine innere Welt sichtbar macht[68]. Das „Thema", von dem wir in unseren Überlegungen ausgegangen waren, ist in Gehalt/Aussage („Idee"), Inhalt/Stoff, Form aufgegangen (in ihnen aufgehoben); es ließe sich jedoch interpretierend wiederum hervorheben:

---

68 Sichtbar heißt nicht, dass sich die innere Welt in aller Klarheit vor Augen stellt – und schon gar nicht, dass sie völlig in Sprache übertragbar ist. Wie Goethe formuliert, ist sie zwar „unendlich wirksam", aber „unerreichbar" und „unaussprechlich": „Die Symbolik verwandelt die Erscheinung in Idee, die Idee in ein Bild, und so, daß die Idee im Bild immer unendlich wirksam und unerreichbar bleibt und, selbst in allen Sprachen ausgesprochen, doch unaussprechlich bleibt" (Maximen und Reflexionen 1113).

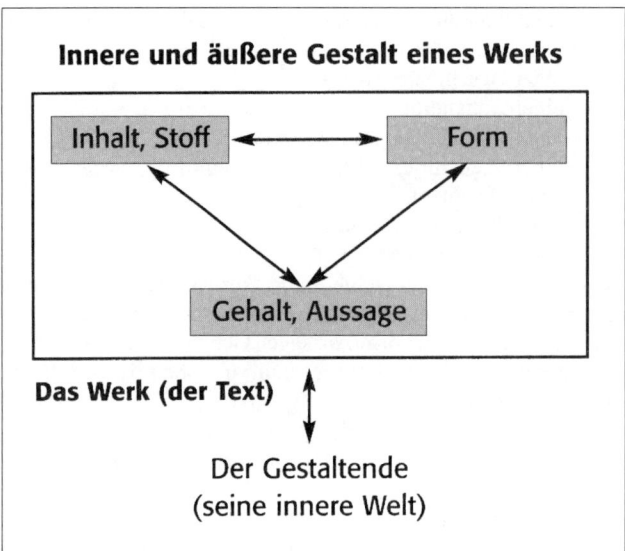

Grafik 9

Formuliert sind die Aussagen der Grafik 9 auf der Ebene des Werkes als ein Balance-Modell, das Bestandteile sichtbar machen soll. Was konkret vor uns liegt, ist nur das „Werk" (die gedruckten Worte eines Gedichts oder einer Kurzgeschichte, die Klänge und Bewegungen einer Aufführung, die Farben und Linien eines Bildes; in Grafik 9 als „Kasten" verdeutlicht); häufig wird in diesem Zusammenhang auch der Begriff „Text" in einem umfassenden Sinn, der dann nicht nur geschriebene oder gesprochene Texte meint, gebraucht. Inhalt und Form des Werkes (des Textes) sind (begrenzt!) sichtbar, ablesbar, erkennbar; Gehalt und Aussage sind selten plakativ formuliert, können aber erschlossen werden. Zugleich ahnen (vermuten, erkennen) wir IM Werk den Gestaltenden; wir sind versucht (oder aufgefordert), seine „innere Welt", seine Motivationen und Intentionen zu entdecken.

Jedenfalls trennt das sichtbare, hörbare ‚Äußere' also nicht nach Inhalt/Form/Gehalt, sondern zeigt sich als Einheit; erst in der Interpretation offenbart sich die innere Gestalt eines Werkes und wird als Struktur formulierbar.

Das Balance-Modell können wir wiederum zu einem Ablauf-Modell, zur Darstellung einer chronologischen Abfolge umformulieren. Dann zeigt das Modell, wie ein Werk (ein Text), also eine Einheit aus Inhalt/Stoff, Form und Gehalt erschlossen und interpretiert werden kann. Interpretieren heißt dann, den ideellen Gehalt des Werks vom Inhalt abstrahierend abzulösen und (in Grenzen) für sich zu formulieren, so wie wir den Inhalt unabhängig von der Form formulieren und Formelemente beschreiben und charakterisieren können:

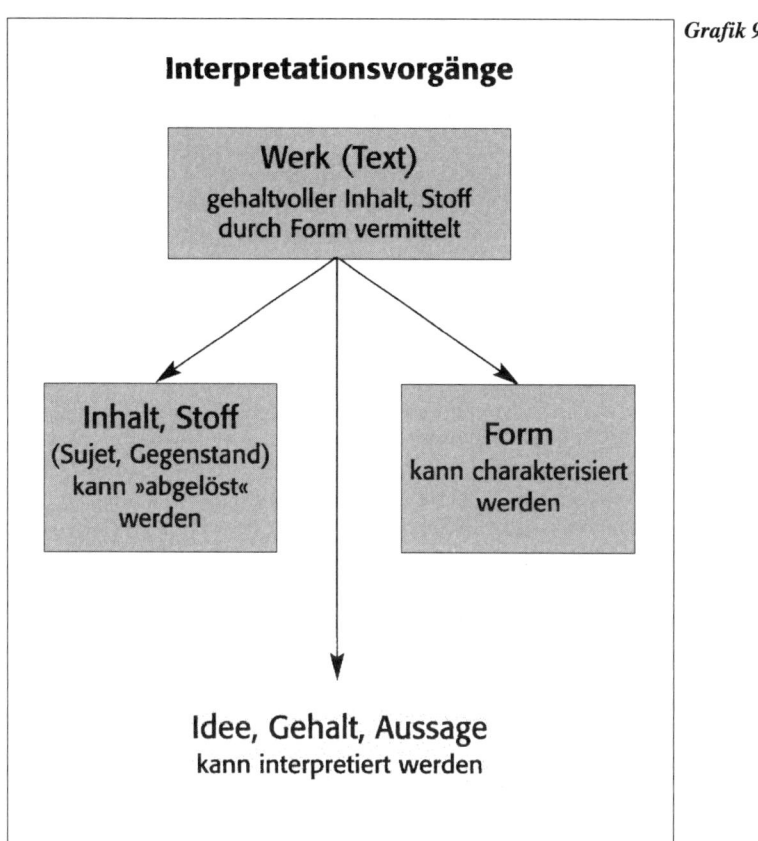

Grafik 9a

Weisen wir noch einmal darauf hin, dass Interpretationen **nicht notwendig verbal** formuliert werden müssen; eine Spielgruppe kann
▶ den Gehalt eines Theatertextes, die Struktur einer Szene in einem Gegenstand, einer Skizze, einer Collage oder Assemblage zusammenfassen (ein Abstraktionsvorgang); die umgekehrte Aufgabe könnte lauten:
▶ aus einer grafischen Notation, einem Requisit, einem Kostümteil eine Figur entwickeln (Ausarbeitungs- und Konkretisierungsvorgang).

Zu den abstrahierenden Zusammenfassungen gehören häufig auch die **Stücktitel** (wie die Überschriften von Sachtexten oder die Romantitel); sie geben Hinweise darauf, was dem Autor wichtig ist, informieren über seine Intentionen oder sollen das Publikum neugierig machen.

Sie nennen Orte („Im Dickicht der Städte"), Themen („Der Frieden" von Aristophanes), Handlungen (Hauptgeschehnisse): „Die Zähmung der Widerspenstigen", „Der zerbrochene Krug", „Warten auf Godot", „Der Heiratsantrag" (Tschechow), „Das Blutbad von Paris" (Marlowe) oder, noch ausführlicher, „Wie dem Herrn Mockinpott das Leiden ausgetrieben wird" (Peter Weiss).

Sie nennen nur die Hauptperson(en) wie Shakespeare mit „Romeo und Julia" (Thema dieser konkreten Geschichte sind Hass und Liebe, Feindschaft und Zerstörung) oder geben mit Titel und Untertitel Thema/Inhalt wie Hauptperson an: „Kabale und Liebe oder Luise Millerin"; Gerhart Hauptmann stellt mit „Die Weber" eine ganze Personen-(Berufs-)Gruppe heraus. Handlungsmomente und Hauptpersonen, stark kontrastierend und die Neugier reizend, bringt Raimund in Titel und Untertitel zusammen: „Das Mädchen aus der Feenwelt oder der Bauer als Millionär".

Auf zentrale Aussagen ihrer Texte weisen Calderon und Marivaux hin: „Das Leben ein Traum", „Das Spiel von Liebe und Zufall"; Molière und Ben Jonson formulieren schon im Titel ein negatives Vor-Urteil: „Der Geizige", „Volpone (= Der Fuchs)"; Strindberg benennt die Atmosphäre seines Stücks: „Traumspiel".

Vielfach dient ein Untertitel dazu, die Form mit einer Gattungsbezeichnung anzukündigen (Tragödie, Ballett-Komödie usw.); oft aber wird die Gattung vom Autor nicht näher benannt.

Auch die **Titel der Modellversuchsgruppen** geben wichtige Informationen:
- „Wußtest du, daß Deutschland riecht?" stellt eine verblüffende Frage und spielt auf das Thema „Deutschland" an;
- „Kreizbrave Leut" legt eine moralische (ironische?) Wertung nahe;
- „Rote Haare – tote Ratte" evoziert eine grausig-abenteuerliche Geschichte;
- Schwitters nennt in seinem Titel das zentrale (letztlich NICHT stattfindende) Ereignis des Stücks („Der Zusammenstoß") und im Untertitel Gattungsbezeichnungen („Groteske, Oper");
- „Köng Ubb" lässt erraten, dass Jarrys Stück vom „König Ubu" bearbeitet wurde (Kap. 32);
- „Kafka, die Treppe hinauf, die hinab führt" nennt die Hauptfigur und konfrontiert sie zugleich mit einer paradoxen Beschreibung (Kap. 27).

Der Titel „Verbotene Liebe. Wie alles begann" (vergl. das folgende Kapitel) ist ebenfalls zweiteilig; er könnte auf eine private love-story verweisen, die in der Rückblende erzählt wird, meint aber einen Mythos, eine alte Geschichte (… wie alles begann) – eine überraschende Dimension, die zugleich auf das Thema des Modellversuchs „Herkommen-Hingehören" anspielt. Das wichtigste Kennzeichen der Inszenierung aber, ihre Prägung durch ein Formelement (in gewisser Weise also das Hauptthema dieser Theaterarbeit) wird nicht verraten: das Gestaltungselement Maske.

24. Maske als Gestaltungselement (Beispiel 5)
„Verbotene Liebe. Wie alles begann"
(Theater-AG E.D.D.A. des Gutenberg-Gymnasiums Erfurt)

Die Erfurter Theater-AG kam vom Thema des Modellversuchs zur Edda: *„Dieser germanisch-deutsche Mythos (Heiner Müller: ‚Gib mir meine Vergangenheit wieder!' – Motto eines Nibelungenworkshops im Spätsommer 1995 in Erfurt) bot eine in die historische Tiefe gehende Auseinandersetzung mit dem Thema ‚Herkommen – Hingehören' an"*, so die Einschätzung des Spielleiters Uli Mittelstädt.

Aber die Edda war nicht unbedingt attraktiv für Schülerinnen einer 8. Klasse: Ihnen war *„die Dimension des Vorhabens ... damals* (d.h. zu Beginn ihrer Arbeit) *sicher noch nicht sehr bewusst."* Deshalb konzipierte der Spielleiter *„zusammen mit einer ehemaligen Spielerin der Vorgängergruppe, die mittlerweile Szenographie des Puppenspiels in Prag studierte"*, ein Stück mit Masken, Puppen, Schattenspiel; für die Schülerinnen waren *„die neuartigen Gestaltungsmittel"* interessant; sie halfen zugleich *„über einen eklatanten Mangel – das Fehlen männlicher Darsteller"* hinweg. Und vielleicht reizte die Mädchen auch die Möglichkeit, einmal Helden spielen zu können, so wie der Schutz durch das Verstecken hinter Maske und Schattenwand.

Jedenfalls stellte die Gruppe als Ergebnis ihrer Theaterarbeit eine Nibelungen-Bearbeitung vor, die in vielfacher Form mit dem Mittel „Maske" arbeitet. Sie zeigte eine streng stilisierte, stark auf Körperausdruck und optische Akzente konzentrierte Interpretation; Handlungsführung und knappe Texte beruhen vor allem auf der Fassung der altnordischen so genannten Lieder-Edda (ihr entsprechen die Namen Sigurd gleich Siegfried, Brynhild, Grimhild, König Gunnar gleich Gunther, Högni gleich Hagen). Gespielt wurde die Fassung von 5 Schülerinnen und einem Schüler; der Schüler schloss sich erst während der Arbeit der Gruppe an.

Im Folgenden will ich vor allem das Spiel mit Masken im Lauf der Aufführung beschreiben, dabei deren Funktion und dramaturgische Möglichkeiten herausarbeiten und abschließend systematisieren.

1. Beschreibung der Aufführung mit knappen Anmerkungen

Ein Vorspiel mit Texten von Canetti. Dann eröffnet ein kommentierender Prolog das eigentliche Stück; die Prologsprecherin bringt die Brynhild-Maske auf die Bühne (Foto 1).
Eine der Spielerinnen setzt die Brynhild-Maske auf.
Ein von hinten rot beleuchteter Zwischenvorhang trennt Vorder- und Hinterbühne; die Vorderbühne ist rot überstrahlt: die Waberlohe, das Feuer, in dessen Mitte Brynhild schläft.

Foto 1

Foto 2

I. Die Erweckung der Walküre

Sigurd tritt auf in Ganzmaske (bestehend aus der Sigurd-Maske und einem unförmigen Kostüm – einer Gesamt-Körperumhüllung, der Drachenhaut bzw. Rüstung, über Füße und Hände reichend).

Sigurd erscheint zunächst auf der Hinterbühne.
Er wird als Schatten sichtbar.
Er kämpft sich durch die Waberlohe (den Zwischenvorhang) auf die Vorderbühne (Foto 2).

Vereinigung Sigurds mit Brynhild, beide mit Masken. Das Gespräch der Liebenden wird von je zwei (!) Spielerinnen links und rechts seitlich gesprochen; ruhig sitzend halten sie jeweils Sigurd- bzw. Brynhild-Masken in der Hand; die Liebenden liegen zwischen ihnen.
Eine doppelte Distanzierung (Maske, Trennung Sprache-Spiel) macht die „Peinlichkeit" des Beischlafs für die Schüler spielbar.

Drei Brynhilden mit Masken nehmen Sigurd zwischen sich, stoßen ihn herum, ziehen ihm seine Rüstung (seine Haut) ab. Seine Gesichtsmaske bleibt.
Die Liebe zu Brynhild als Erfüllung von Sigurds Leben und zugleich als sein Tod; er kann ihr nicht entrinnen; wohin er sich auch wendet, trifft er auf Brynhild, ihre Liebe ist verzehrend.

II. Die Brüderschaft

Sigurd ist auf der Vorderbühne geblieben. Die drei Brynhilden sind abgetreten. Gunnar und Högni treten auf, später auch Grimhild: Wir sind am burgundischen Hof. Zunächst ist unklar, ob aus dem vorsichtigen Kennenlernen Streit und Kampf wird; es entwickelt sich jedoch ein Tanz, dabei deutliche Kontraste: Grimhild weiblich verlockend, lasziv; Gunnar/Högni stark rhythmisiert (von Mädchen gespielt, aber männlich wirkend); Sigurd kaum tanzend, nur trinkend; die Männer trinken Brüderschaft; Sigurd fällt schließlich zu Boden, berauscht vom Vergessenstrunk.

III. Die Werbung

Gunnar und Sigurd tauschen ihre Masken (Foto 3, 4); Gunnar wird freier, Sigurd erscheint wie eingezwängt.

Sie tauschen ihre Identitäten; Brynhild soll Sigurd als Gunnar erkennen.

Hinter der Schattenwand: Sigurd mit der Maske Gunnars trifft auf Brynhild; sie tauschen die Ringe.

Vor der Schattenwand: Rücktausch der Masken zwischen Gunnar und Sigurd (Rückkehr in die eigene Identität).

Gunnar wird in diesen Szenen von einem Mädchen, Sigurd von einem Jungen gespielt.

Die Paare finden sich als Mann und Frau: Gunnar und Brynhild, Sigurd und Grimhild. Sie legen ihre Masken ab und wiegen ein blaues Seidentuch.

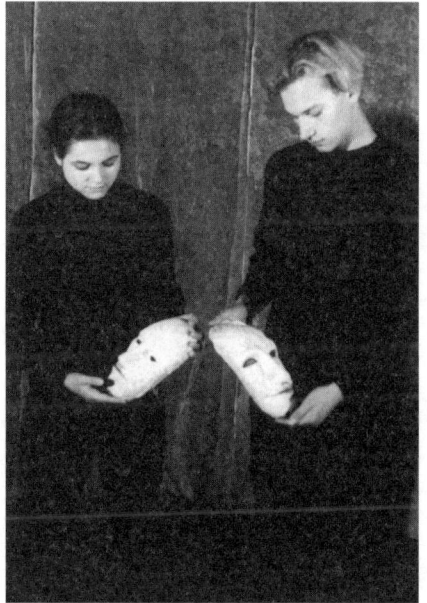 

Foto 3: Sigurd und Gunnar sprechen den Dialog vom Gestalttausch

Foto 4: Sigurd und Gunnar tauschen die Masken

IV. Der Streit der Königinnen

Die Sigurd-Maske bleibt auf dem blauen Tuch liegen.
Grimhild und Brynhild treten auf mit ihren Masken in der Hand; die Masken haben in dieser Szene lange, verschiedenfarbige Haare (Foto 5).

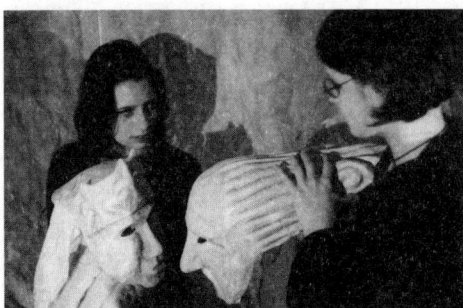

Foto 5: Streit der Königinnen. Sie tragen die Masken in der Hand, agieren aber auch mit den Masken.

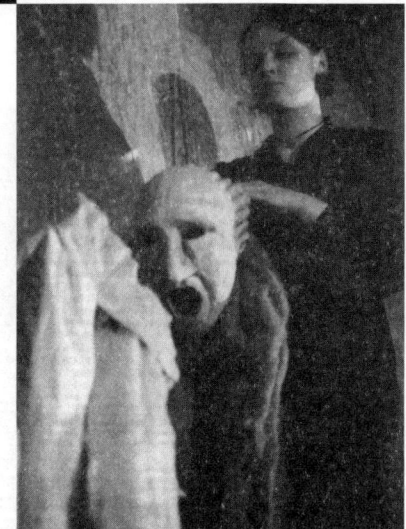

Das blaue Tuch wird zu Wasser; die beiden Frauen waschen ihre Haare.

Streit der beiden Frauen um die Vorherrschaft (Foto 6). Grimhild verrät Brynhild, wer sie eigentlich besiegt hat.
Bei diesem Streit ist die Sigurd-Maske, auf dem blauen Tuch liegend, ständig optisch präsent; sie ist Bezugspunkt des Streites.

Foto 6: Der Streit der Königinnen, Brynhild begehrt gegen Grimhild auf.

V. Sigurds Tod

Grimhild (mit Maske) warnt Sigurd; Sigurd ist eine mannsgroße Puppe (also KEIN Spieler!); Grimhild führt diese Puppe.
Grimhild erzählt ihre Warnträume, bittet (die Puppe!) Sigurd, zu Hause zu bleiben.
Sie kann den „wirklichen" Sigurd nicht erreichen, spricht ins Leere, nur zu seinem Bild (zur Puppe).

Sigurd (die Puppe Sigurd) entfaltet keine Aktivität, kann nicht antworten, stellt sich der Situation nicht, bleibt passiv.

Die Puppe hat zwei Gesichter (Januskopf) – eines für Grimhild, eines für Brynhild.

Während des ganzen Aktes ist die Hinterbühne als Schattenspiel erleuchtet: der Zuschauer erlebt so die Zurüstung zum Mord auf einer zweiten Spielebene.

Brynhild (mit Maske) fordert von Gunnar und Högni: Tötet Sigurd.

Grimhild und die Sigurd-Puppe haben sich schlafen gelegt. Hinter der Schattenwand treten Gunnar und Högni auf mit einem langen Spieß. Rhythmisch voranschreitend kommen sie auf die Vorderbühne. Stilisiert, dennoch brutal stechen sie zu (Foto 7).

Die Puppe, durch die hier immer noch Sigurd dargestellt wird, ermöglicht dieses rücksichtslose Zustechen.

Drei Spielerinnen mit halb aufgesetzten Masken breiten ein großes Bluttuch aus: es fließt gleichsam aus Sigurds Wunde. Sie sprechen den kommentierenden Schluss. -

Foto 7: Gunnar und Högni erschlagen (die Puppe) Sigurd

2. Zur Funktion der Masken

Die Maske mit ihren unterschiedlichen Verwendungsmöglichkeiten erlaubt der Inszenierung eine Vielfalt von Bezügen zwischen Spieler und Rolle, ermöglicht kalkulierte Wechsel zwischen Distanzierung und Identifikation. Ich systematisiere:

a) **Möglichkeiten der Maskenarbeit:**
- Spiel ohne Maske
- Spiel mit der Maske in der Hand.
- Spiel mit der halb aufgesetzten Maske.
- Spiel mit der ganz aufgesetzten Maske.
- Spiel mit der ganz aufgesetzten Maske und Ganzkörperkostüm.
- Puppe mit Doppelmaske (Januskopf) und Ganzkörperkostüm.
- Brynhild-/Grimhild-Masken mit Haaren: die Strenge der Maske wird „weiblich" aufgelöst/abgemildert.

b) Funktionen der Maske:
- Fixierung des Ausdrucks und der Rolle.
- Möglichkeit der Distanzierung von der Rolle.
- Es gibt keine durchgehende Zuordnung von Spieler und Rolle; die Übernahme einer Rolle kann durch mehrere SpielerInnen simultan erfolgen. Trennung von Rollenfigur und Rollensprache ist möglich.
- Die Maske bedeutet ein Versteck für den Spieler in peinlichen Situationen.
- Die Maske gibt die Möglichkeit, ÜBER eine Rolle zu reden, eine Rolle bzw. ihre Verhaltensweisen zu kommentieren.
- Die Übernahme von Männer-(Helden-)Rollen durch Schülerinnen macht keine Schwierigkeit; die Maske ermöglicht reizvolle Überschneidungen (vergl. den Tanz im II. Akt).

ZWISCHENBILANZ 1

Ein Thema, so könnten wir die bisherigen Überlegungen zusammenfassen, umreißt den gemeinten Schwerpunkt. Um es zu bearbeiten, muss recherchiert werden. Diese Vorgehensweise hat eine besondere Nähe zum Jugendtheater, das seine eigenen Themen wählen, seine eigene Betroffenheit formulieren, seinen eigenen Bezug ausarbeiten will[69].

Dabei zielt das Thema nicht notwendig auf Inhalt oder Problem, es kann auch eine Form in den Mittelpunkt rücken (wie „Maske" im obigen Beispiel, „Groteske" in der Schwitters-Inszenierung, Kap. 22).

Wichtig zu vergegenwärtigen ist dabei noch einmal, dass auch die improvisierte, vorläufige, fragmentarische, zufällige GESTALT immer schon komplett, „ganz", umfas-

---

69 vergl. Edgar Wilhelm: Theater der Themen. Berlin 1994 (Edition Atrium Nr. 5). – Thematisch akzentuiert arbeiten vielfach auch **professionelle Gruppen des neuen Kinder- und Jugendtheaters**, die relevante, zeittypische Probleme ihres Publikums behandeln wollen, also die Thematik von ihrer Bezugsgruppe ablesen und davon ausgehend eine Aufführung erarbeiten. Dabei geschieht ein Teil dieser Erarbeitung wie bei einem Unterrichtsthema oder einem Sachtext:
▶ Ideensammlung über Brainstorming, assoziativ-spontan:
   Was wissen wir von dem Thema? was fällt uns dazu ein?
   Besonders wichtig: Was interessiert uns, was interessiert unser Publikum daran?
   Wie reagieren wir emotional auf das Thema? Wie beziehen wir sachlich Stellung?
▶ Systematisch geplante Erarbeitung: Wörterbücher, Lexika, Literatur heranziehen.
   Experten befragen, Zuschauer befragen (Interviews, Tonbandaufnahmen).
   Recherchen im Problemfeld (teilnehmende Beobachtung, Aktionen mit Problemfällen).
▶ Spielerisch-szenische Erarbeitung:
   persönliche Erinnerungen wachrufen, autobiografische Erfahrungen mitteilen,
   Lesematerial und Recherchestoff in unterschiedlichen Formen (realistisch, übertrieben, absurd, grotesk, verlangsamt …) und immer wieder anderen Kombinationen umspielen.

send ist, „alles" enthält; als solche aber ist sie durchaus nicht insgesamt bewusst und durchgeformt; sie reichert sich an im weiteren Erarbeitungs- und Gestaltungsprozess, der zugleich ein Bewusstwerdungsprozess ist.

Geht die Gestaltung von einem vorliegenden Gesamt (einem Stück, einem Text) aus, so ist umgekehrt das Thema (das die Gruppe interessierende Thema) zu entdecken und formend bewusst zu machen – damit es nicht einfach „passiert", sondern wissentlich gestaltet wird. Freilich ist es mit dem bloßen Thema nicht getan; aufzuspüren sind Struktur, innere Gestalt, Problematik, Form des Textes; das Thema kann als Zugang dienen, als methodisches Mittel, um in das Innere des Werkes hineinzufinden.

Im Folgenden versuche ich, auch begrifflich genauer in diese innere Problematik von Gestaltungen hineinzukommen.

25. Zur Problematik von Stoff, Form und Medium (Material) (Thema 5)

Sobald wir uns bei der Theaterarbeit über das „nackte" Thema hinaus mit der Stoffsammlung befassen, finden wir diesen Stoff immer schon in „Formen" vor, die wir auflösen, umformen, mit denen wir arbeiten und die wir bei dieser Arbeit verändern. Das gilt erst recht, wenn wir mit (künstlerisch) geformten Texten beginnen oder im Verlauf der Arbeit zu solchen Texten greifen (vergl. Schwitters, Kap 22; Edda, Kap.□24).

Ein solcher geformter Text (ein Drama, ein Roman, ein Bild usw.) ist ein komplexes Gesamt, ein Kosmos. Der Titel des Romans, des Dramas (oder das von uns formulierte Thema) fasst diese Gesamtstruktur zusammen in einem Begriff, einer Leitfrage, einer Problemstellung oder einer neugierig machenden Andeutung. Diese konzentrierte Zusammenfassung lässt sich wiederum frei (d.h. OHNE direkten Bezug auf den Roman- oder Dramentext selbst) entfalten, entwickeln; die Entfaltung wird sicherlich von dem ursprünglichen Text wegführen, wird zu einer anderen Form werden; sie wird den Ursprungstext aber auch bereichern: ihn in ein anderes Licht tauchen, mit anderen Interpretationen konfrontieren, verborgene Schichten sichtbar machen. Die freie Entfaltung kann jedoch auch wieder zurück genommen und zum Ursprungstext zurück geführt werden; dann bleiben die Erfahrungen mit Umdeutung und Ausgestaltung in der weiteren Arbeit präsent.

Theaterarbeit geschieht also immer in einer Bewegung zwischen **abstrahierenden** (komprimierenden) Zusammenfassungen (dem Stücktitel, der die Richtung der Behandlung angibt; der Arbeitsaufgabe, die der Spielleiter für eine Szene formuliert) und der **konkretisierenden** Ausführung, die das Gegebene mit Stoff anreichert und zu größeren Formen entwickelt. Auch der von einem Autor formulierte Text eines

Dramas ist in gewisser Hinsicht eine Abstraktion, die sich in der Probenarbeit konkretisiert und konkretisieren muss (in Gesten, Bewegungen, Tönen, Haltungen …),
um zu einer Theaterszene, einer Aufführung werden zu können[70].
Dies gilt umso mehr, wenn ein Thema uns zunächst nur auf einen Stoff (einen Inhalt) verweist, den die Gruppe selbst in eine Form bringen will.

Mit **Stoff** meine ich hier einen „rohen", unbearbeiteten oder noch zu entdeckenden
Stoff. Das steht in einem gewissen Gegensatz zur Literaturwissenschaft (Literaturge-
schichte), die den Begriff Stoff **in einem spezifischen Sinn** gebraucht als „eine Kon-
figuration von Personen, Handlungen und Problemstellungen, die durch mythische,
literarische oder geschichtliche Vorgaben fest umrissen ist, die durch die literarische
Tradition fortgeschrieben wird und die dabei historisch bedingte Umdeutungen erfährt"[71]. Die Literaturwissenschaft will als Stoffgeschichte also nicht den äußeren, rohen Stoff für sich behandeln, sondern versucht, Stoff, Form und Gehalt eines Werkes
als eine Einheit zu begreifen. Stoff in diesem Sinne setzt sich zusammen aus kleineren Einheiten, den Motiven; er lässt sich also beschreiben als eine spezifische Kom-
bination von Motiven[72].

Stoff **im Sinne von Rohstoff/Material** (und so möchte ich den Begriff im folgenden verstehen) wird als vorliterarische, abstrakte Gegebenheit abgegrenzt von „Form
und Gehalt", die sich auf die ästhetische Gestaltung und die Grundidee, das Thema
eines konkreten Werkes beziehen. Bei einer solchen Betrachtung wird der nicht direkt
sichtbare „Gehalt" IN der Form gesehen bzw. in die Form verlegt oder mit der Form
zusammen gesehen. Durch eine gedankliche Operation ist er kategorial abtrennbar; es
ist also möglich, ihn „an sich" zu formulieren, genau so wie es möglich ist, den Stoff
als rohen Stoff von seiner Form zu lösen[73].

---

70 Vergl. Kap. 10: Zusammenfassen und entfalten
71 Metzler Lexikon Literatur- und Kulturtheorie, hg. von Ansgar Nünning, Stuttgart, Weimar 1998,
    S. 508.– Wie stark die „Fortschreibung" (die historische Tradierung) durch das „fest Umrisse-
    ne" einer Form begünstigt wird, macht Arnold Gehlen mit einem englischen Zitat deutlich:
    „Forms are the food of faith", d.h. „Über lange Zeiten und große Zahlen hin können gerade die
    hohen und verdichteten Inhalte nur in den Formalismus eingewickelt überleben" (Urmensch und
    Spätkultur, 1975, S. 24). Mit anderen Worten: „Nur über Formung ist Kultur auf Dauer zu stel-
    len, ist kulturelle Einbindung zu sichern" (Andreas Dörner: Politischer Mythos und symbolische
    Politik, rororo 1996, S. 30).
72 Deshalb spricht die deutsche Literaturwissenschaft auch von Stoff- und Motivgeschichte. Weil
    in England, USA und Frankreich Thema, Stoff, Idee, Gehalt, Motiv mit den Begriffen „theme"
    bzw. „thème" zusammengefasst werden, heißt die englische Entsprechung „thematics"; der Be-
    griff wird als Thematologie auch im deutschen Sprachraum üblich.
73 Eine erste Fassung solcher kategorialen Trennungen findet sich schon bei **Horaz**; er unterschei-
    det „res" (Thema) und „materia" (Stoff im Sinne von „roher Stoff"). Ähnlich trennt die frz. Ter-
    minologie das „sujet" (die individuelle Thematik eines Textes) von der „matière" (dem vorgege-
    benen Stoff). Im Deutschen entspricht dem der doppeldeutige Gebrauch des Begriffs „Stoff":
    einmal bereits in eine relativ feste Form gebracht (im Sinne von Fabel, Plot), zum anderen als
    außerliterarische Vorgabe (ein „roher" Stoff).

Soweit zur Klarheit nötig, ist im Folgenden also nicht einfach vom Stoff, sondern vom rohen oder vom literarisch (theatral, grafisch, wissenschaftlich oder anders) geformten Stoff die Rede. Auf das enge Verhältnis des Stoffes zur Form haben wir schon mehrfach hingewiesen.

Form[74], hier eher unspezifisch in allgemeiner Bedeutung als (äußere und innere) Gestalt benutzt, wird versuchsweise immer wieder genauer definiert und in der Bedeutung eingeschränkt. So spricht die klassische Ästhetik (z.b. Winckelmann[75]) von Form als einem wohlproportionierten Gleichgewicht[76]; ganz im Gegensatz dazu abstrahiert sie Luhmann als eine differentielle Spannung zwischen Selbstreferenz und Fremdreferenz bzw. als asymmetrische Grenzlinie zwischen einem markierten und einem unmarkierten Raum[77].

Dieser differenztheoretische Formbegriff gibt die Möglichkeit, zwischen Form und Medium genauer zu unterscheiden. Es ist jedenfalls kaum zweifelhaft, dass für die Gesamtgestalt eines Werkes nicht nur Stoff (Inhalt), Form und Gehalt wichtig sind, sondern auch das **Material** (das **Medium**[78]), in dem das Werk gestaltet, von dem es übermittelt wird. Damit können wir eine weitere Dimension begrifflich fassen und für unsere praktische Arbeit bewusst machen (vergl. die Dramatisierung der Edda mit Hilfe von Masken, Kap. 24). Sobald nämlich und soweit eine Form sinnlich fassbar (hörbar, berührbar, sichtbar) wird, ist sie an ein spezifisches Medium gebunden, realisiert sie sich IN einem Material.

Dieses Material (das Medium) ist nicht eine amorphe, unstrukturierte Masse, sondern hat selbst schon charakteristische Strukturelemente, bestimmt die Form also mit. Jeder Schauspieler, jede einzelne Schauspielerin in seiner und in ihrer Körperlichkeit prägen weithin die Aufführung (vergl. die Bemerkungen zum Performativen, S. 24);

---

74 Lat. „forma" (äußere Gestalt, Umriss, Figur) zum Verb „formare" (formen, gestalten); Bedeutung von „Form" im Deutschen heute soviel wie „innere und äußere Gestalt, Art und Weise", auch eine Art „Gehäuse" (wie in Backform).

75 „Edle Einfalt und stille Größe" als Wesen der griechischen Kunst; so in Winckelmanns Geschichte der Kunst des Altertums, 1764.–

76 In der Geschichte der Ästhetik treten andere Wertmaßstäbe auf: Stimmigkeit, Mehrdeutigkeit, Selbstreferenz ... Vergl. z.B. K. Rosenkranz: Ästhetik des Häßlichen; H.R. Jauß (Hg.): Die nicht mehr schönen Künste, München 1968.–

77 *„Die Unterscheidung zwischen Form und Medium ist also immer relativ. Nichts ist ‚an sich' Form oder Medium, sondern immer Medium in bezug auf eine sich durchsetzende Form oder Form, die sich in einem Medium niedrigerer Ebene durchsetzt. Die Elemente der Sprache (die Worte) setzen sich zum Beispiel als Formen im Kontinuum der Laute durch und kondensieren in ihm als stabilere Konfigurationen; sie bilden aber zugleich ein Medium für die Übermittlung von Kommunikationsinhalten"* (Claudio Baraldi u.a.: GLU. Glossar zu Niklas Luhmanns Theorie sozialer Systeme, suhrkamp tb 1997, S. 59).– Vergl. Niklas Luhmann: Die Kunst der Gesellschaft, 1995, S. 165 ff

78 Ich nehme hier eine naive, aber praktikable Gleichsetzung vor; Luhmann und andere würden präziser differenzieren.

der Theater-Raum ist ein Grund legendes Medium, dem die theatrale Form eingeschrieben wird; ob eine Skulptur aus einem einzelnen Stein herausgehauen, in eine
Felswand eingemeißelt, in glänzendem Metall gegossen wurde: das Material spricht
„zusätzlich" zur Form seine eigene Sprache, erweckt seine eigenen Assoziationen.

Diese Eigenwilligkeit des Materials geht so weit, dass manche Autoren ein Werk als
nicht ablösbar von seinem Medium sehen; Kunstwerke können demnach nicht umge-
formt werden (vgl. Max Frisch, Fußnote 23). Andere sprechen ohne Scheu vom
Medienwechsel als der *„Übertragung von Thema, Handlung oder argumentativer*
Struktur eines Textes von einem Medium ... in ein anderes ... prinzipiell von allen zu
allen ..." [79], wobei insbesondere an Romanverfilmungen gedacht wird.
Klar dürfte sein: eine integrale Umformung ist nicht möglich; klar ist aber auch: wir
können Umformungen weder ausschließen noch auf Medienwechsel verzichten und
sie schon gar nicht verbieten.

Bei Umformungen von geformten Texten wird also das vorhandene Werk (ein Bild,
eine Komposition, eine Kurzgeschichte) in Bezug auf seinen Inhalt und auf seinen
Gehalt übersetzt in ein anderes Medium (ein anderes Material); dabei werden Inhalt
wie Gehalt affiziert und verändert. Wird der Zusammenhang nicht völlig zerstört, so
können wir mit Recht von einer Umgestaltung sprechen; ist der Ausgangstext nicht
mehr zu erkennen, sollte von einem eigenen Werk gesprochen werden – allerdings
mit einem erklärenden Hinweis (in Anlehnung an ..., unter Verwendung von ..., nach
Motiven von ...).

Um die Umformungsmöglichkeiten zu verdeutlichen, übersetze ich die Grafik 7/7a
(Seite 84) wiederum in eine Dynamik, eine Dynamik nicht nur des Interpretierens (im
oberen Teil), sondern des Umgestaltens, wobei Medium/Material als eine vierte
Komponente des Werks (neben Inhalt, Form und Gehalt) aufgeführt wird (Grafik 10).
Die Darstellung der dabei auftretenden **Transformationen** kann im Grunde als ein
realistisches Bild unseres Lebens gelten, sind wir doch ständig mit Umformungen beschäftigt: von Inhalten/Stoffen, Formen, Ideen/Aussagen, Medien/Material. Der
Spielleiter wiederum sollte wissen, welche Transformationsaufgaben er seiner Gruppe stellen kann oder in Bezug auf die Theaterarbeit stellen muss.

▶ **Transformationsrad**: Die Gruppe wird nach Möglichkeit in drei Teilgruppen auf-
geteilt. Jede Gruppe erhält unterschiedliches Ausgangsmaterial und unterschiedliche
Transformationsaufgaben. – Gruppe A gibt ihr Ergebnis an B weiter, B an C, C an A.
Dazu gibt es eine weitere Transformationsaufgabe. Das Ergebnis wird wiederum „im
Rad" weitergegeben. Dann werden der Gesamtgruppe die Endergebnisse und zumin-
dest die ursprünglichen Ausgangsmaterialien gezeigt. Es ist interessant, auch die
Zwischenformen allen zu zeigen. Die Übung ist aufschlussreich auch unabhängig von
der Arbeit an einer Aufführung. **Ausgangsmaterial** für mögliche Transformationen:

---

79 Metzler Lexikon Literatur- und Kulturtheorie, a.a.O., S. 355

Grafik 10

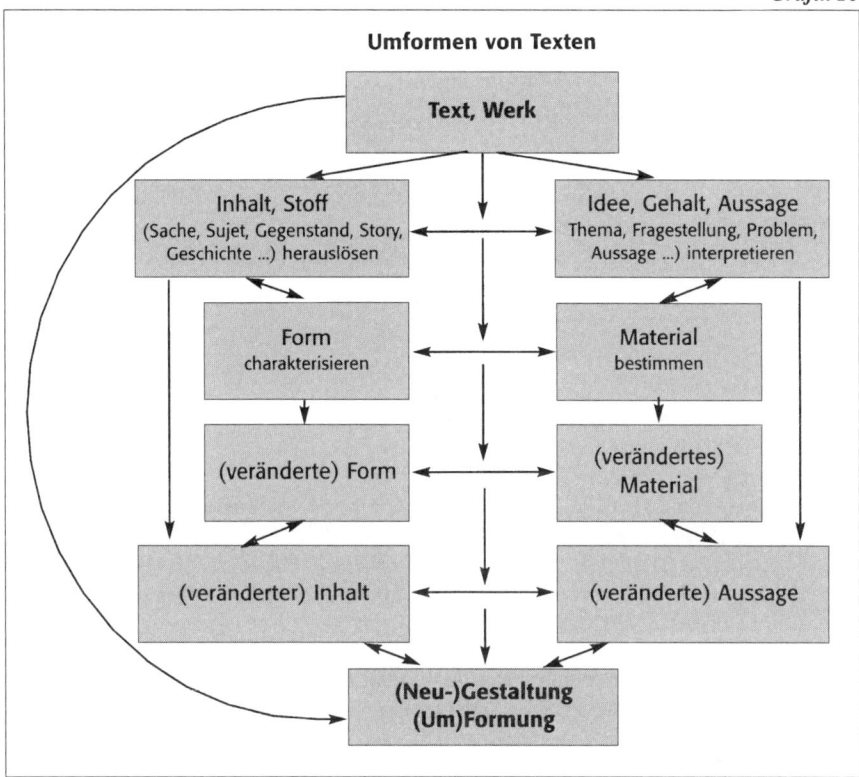

ein (abstraktes) Bild; eine kurze Instrumentalkomposition (oder Gesang OHNE Worte); eine vom Spielleiter aufgezeichnete, einfache, stark gegensätzliche grafische Notation; ein kurzer Text …

Umwandeln in eine Szene, ein Bewegungsbild, eine Melodie, ein Geräuschbild, eine Erzählung, in 2-3 charakterisierende Adjektive, eine Assemblage, die Beschreibung einer Landschaft, ein Kostümbild … Die Spielleiterin sollte darauf achten, dass die parallel laufenden Umwandlungen in etwa in der gleichen Zeit realisiert werden können. Wird die Übung von vier Teilgruppen durchgeführt, können vier Transformationsreihen realisiert werden.

Bei der Vorführung der Ergebnisse (und eventueller Zwischenstationen) in der Gesamtgruppe ausführliches **Gespräch**:

Was blieb in den Umformungen erhalten, ließ sich wieder erkennen? Was erwies sich als „transformationsresistent"? Was ging verloren? Was veränderte sich? In welcher Weise wirkte sich das „Material" der Gestaltung aus? Eignete es sich für die

Umformung? Leistete es „Widerstand"? Wurde „mit" dem Material gearbeitet oder
„gegen" das Material? In welcher Weise veränderte sich die „Aussage", der „Inhalt"?
Sehen wir die veränderte Aussage als Verfälschung oder als Bereicherung? Und machen zwei unterschiedliche Umformungen EINER Aussage die Aussage reicher –
oder verwirren sie das Publikum?

Im Folgenden stelle ich eine „einfache" Umformung eines epischen Textes in eine
Aufführung vor (also eine „Dramatisierung" am Beispiel von Saint-Exupérys „Der
kleine Prinz"), die zugleich die Übertragung in den Kirchenraum leisten musste.

26. Umformung/Dramatisierung (Beispiel 6)
Saint-Exupéry: „Der kleine Prinz"
(Spiel- und Theaterkreis Wake up der Evgl. Jugend Pössneck)

Die SpielerInnen von Wake up kommen aus einer Kirchengemeinde. „Fast jede
Kirchgemeinde macht Weihnachten ein Krippenspiel. Meine Leute hole ich mir eben
von dort, also da weiß ich, die Leute, die Lust daran haben, die kommen dann mit
rein. Es ist also ein Rekrutierungspotential." So der Pfarrer und Leiter der Gruppe im
Interview (Dörger, a.a.O. S. 65).

Die Gruppe Wake up hatte sich während der ersten Diskussionen um „Herkommen-
Hingehören" den „Kleinen Prinzen" ausgesucht, das „gedankentiefe und zartempfun-
dene" Märchen, „die von unmittelbarer Lebenserfahrung geprägte Darstellung einer
moralischen Erkenntnis. ... Das zentrale Thema dieses ‚Weltraummärchens', das einer der größten Bucherfolge der Nachkriegszeit wurde, ist die Aufhebung der Einsamkeit durch Freundschaft. Der kleine Prinz ist nichts anderes als ein Teil von Saint-
Exupéry selbst, der der rationalen Sehweise der Erwachsenen, ihrer Besitzergreifung
der Welt durch Zahlen, ihrer Art der Beweisführung und ihrer Logik in den Parabeln
von der Rose und vom Fuchs das Gebot der Mitmenschlichkeit entgegenhält"[80].

Konkret geht es in dem von Saint-Exupéry selbst illustrierten Text zunächst um eine
„Flugzeugpanne in der Einsamkeit der Wüste". Während des unfreiwilligen Aufent-
haltes macht der Autor, „der leidenschaftlicher Flieger war, die Bekanntschaft des
kleinen Prinzen". Dieser erzählt ihm von den Stationen seiner Reise zu anderen Pla-
neten. Berichtenswert sind für den kleinen Prinzen vor allem Unterredungen, Gespräche zwischen ihm und Erwachsenen, Tieren oder Pflanzen, also auch nichtmensch-
lichen Figuren, die er auf seiner Reise getroffen hat.

---

80   Zitate hier und im Folgenden aus Kindlers Literaturlexikon, dtv 1986, S. 7414.

Saint-Exupérys erzählt dieses Märchen in „*einfacher Diktion*", in „*Sprache und Sichtweise des Kindes*"; sein Text zeigt eine durchaus epische Form. Sie lässt sich charakterisieren als eine Folge von Parabeln, ist kein „roher", sondern ein stark geformter Erzählstoff aus vielen kleinen, kurzen Szenen oder besser Zwiegesprächen. Es gibt kaum, schon gar keine dramatischen Handlungen – weder auf der Ebene der Reiseabenteuer, noch im Gespräch Flieger-Kleiner Prinz.

Wake up wollte ursprünglich versuchen, „*über eine Vielzahl von Improvisationen zu den einzelnen Kapiteln und Typen ... unsere ganz eigene Sicht zu entwickeln ... Der Dialogtext wurde zu Beginn nicht verwendet*" [81]. Überdies „*profitierte*" die Gruppe von der Begegnung mit den „*anderen Theatergruppen*" des Modellversuchs, machte z.B. zusammen mit DOTS einen Workshop. „*Wichtige Ergebnisse aus dem Seminar mit den DOTS flossen in das Stück ein. So wurde die ‚Welt der Erwachsenen‘ als Typenbeschreibung und Gegensatz zur ‚Welt des Prinzen‘ direkt übernommen*". Weitere eigene Szenen entstanden.

Als aber der Dialogtext, der „*sich zu einem großen Teil am Original orientiert , ... von beiden Spielleitern geschrieben*" vorlag, alle erarbeiteten Szenen mit 2 Stunden als zu lang erschienen, da fiel die „*Entscheidung zugunsten der Dialogszenen des Originals*". Letztlich überwog also der Respekt vor dem Autor.

Mit ihrer starken, naiven Nähe zu den Aussagen des Textes wollte die Spielgruppe Charakter und Form des Werkes belassen, das Werk ernst nehmen, anerkennen. Sie ließ die doppelte Episierung bestehen, zeigte also auch den Flieger Saint-Exupéry während seiner Reparaturarbeiten am Flugzeug und übernahm wörtliche Dialoge der Vorlage (ursprünglich sogar jeweils mit Blacks voneinander getrennt).

Nur das im Workshop mit DOTS entstandene „Erwachsenenbild" übernahm sie zusätzlich in die Endfassung. Aus Scheu vor Veränderungen, Umformungen, Eingriffen in das Werk aber entschlossen die Spieler sich, diese eigene „Ansicht" (der Welt, des Werkes) nicht IN der Inszenierung sichtbar zu machen, sondern gleichsam NEBEN die Geschichte zu stellen. Sie formulierten also ihren persönlichen Bezug, die sie interessierende Aussage, ihre Interpretation des Werkes in einer Prologszene. Sie zeigten Große, Mächtige, Erwachsene mit Neutralmasken, hohle, austauschbare Gestalten, die sich nicht zuhören, sich nichts zu sagen haben; ihre Sprache besteht nur aus dem Unwort „Blabla".

Notwendigerweise aber war auch das „eigentliche" Stück (wenn auch eher unbewussten!) Transformationsprozessen unterworfen: die intimen, kammerspielartigen Gespräche mussten in den Altarraum[82], in die Distanz der Bühne übertragen, die kurzen epischen Parabeln in Spieler, Gänge, Bewegungen, Stimmen, in eine dramatische Form also überführt werden. Auch wenn eine solche Umformung nicht reflektiert

---

81 Zitate aus Zwischenberichten des Spielleiters Andreas Schaller.
82 „*Die Stimmen der Spieler trugen nicht in diesem größeren Raum*" (Andreas Schaller).

oder nicht einmal gewollt wird, sie geschieht, weil die Realität von Medium und Material sie erzwingt!

Die Gruppe Wake up lässt sich überdies als ein Beispiel dafür ansehen, wie ein Text, der nicht direkt zum gestellten Thema gewählt wurde, durch die Konfrontation MIT dem Thema[83] an Schärfe gewinnen könnte. Bei einer solchen Betrachtungsweise ließe sich der kleine Prinz (das „Kind") als das Herkommen der SpielerInnen verstehen; vor ihnen steht drohend das „Hingehören-Müssen" zur Erwachsenwelt. Wie können sie sich – können sie sich überhaupt – behaupten? Eine solche Betrachtungsweise war angelegt in der Prologszene; die Gruppe bezog sie freilich nicht auf die eigentliche Geschichte, die so in einer nicht konkretisierten, weder ort- noch zeitbezogenen (märchenhaften?) Distanz verblieb. Die Grafik in der nachfolgenden Zwischenbilanz kann dieses Verhältnis noch einmal verdeutlichen.

ZWISCHENBILANZ 2

Ich fasse zunächst allgemein, ohne Rücksicht auf das Problem des „Kleinen Prinzen", zusammen:

Die Sache (das Thema) stellt sich als ein mehr oder weniger abgrenzbares Geflecht von Fakten dar; die Grenze zwischen dem, was uns interessiert (subjektiv formuliert) bzw. was zur Sache „dazu" gehört (objektivierend formuliert), ist nicht vorab gegeben, sondern eine Setzung; sie sollte freilich nicht auf einer willkürlichen, sondern einer begründeten Entscheidung beruhen.

Diese von der Spielgruppe bestimmte Sache (das von ihr gesetzte Thema) hat mannigfaltige Verbindungen zu anderen Fakten; diese sollten zumindest zeitweilig mit in Betracht gezogen werden, auch wenn sie dann nicht weiter bearbeitet werden.

Sachlage, Thema, Sache gelten für den Moment, den gegenwärtigen Augenblick. Sie haben jedoch ihre Vergangenheit, ihre Zukunft; eine Spielgruppe sollte sich also nicht auf den Moment beschränken. Gerade im Theater besteht die Möglichkeit, Vergangenheit und Zukunft mit zu sehen, in die Gestaltung einzuschließen oder darauf anzuspielen.

Vor allem aber geht es bei der theatralen Gestaltung um die „subjektive Anverwandlung". Was hat die Sache, was hat das Thema der Aufführung mit mir zu tun? mit der Gruppe? mit dem Publikum? Wie können wir deutlich machen, was es mit uns zu tun hat? Zusammengefasst in der Grafik 11:

---

83 Oder auch einem anderen!

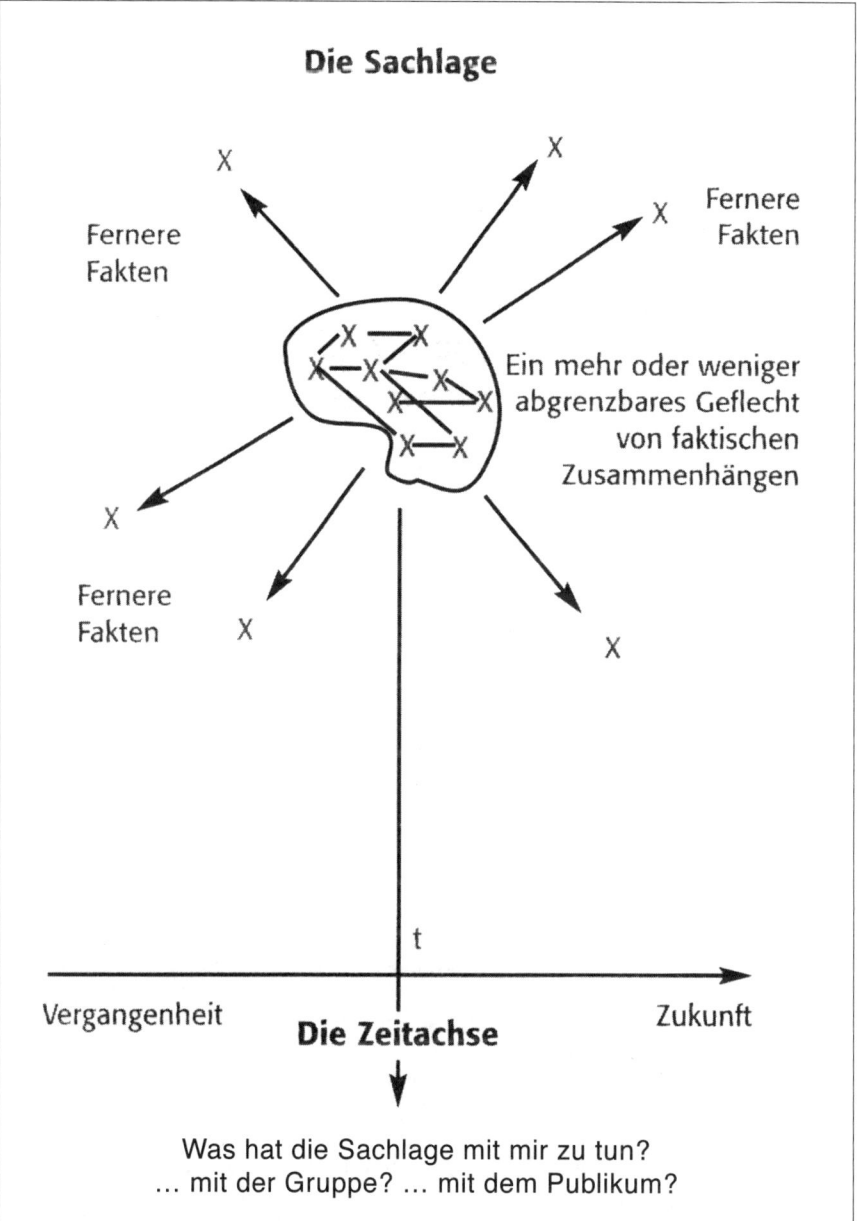

Beim „Kleinen Prinzen" (s.o.) war das Werk des Autors Saint-Exupéry als „die Sache" definiert worden. Der eigene Bezug (die Prologszene) wurde gesehen als ein „ferneres Faktum", das mit dem „Eigentlichen" nur in einem weiteren Zusammenhang steht.

Möglich aber wäre auch gewesen, genau diesen Zusammenhang zum eigentlichen Thema der Auseinandersetzung zu machen, also als einen TEIL der Sache anzusehen, die verhandelt werden soll. Das würde bedeuten bzw. erfordern, die Grenzen anders zu ziehen, das „fernere Faktum" zu einem Bestandteil der Sache zu machen (vielleicht sogar zu DEM Bestandteil) und die Lücken zwischen Sache und dem ausgewählten ferneren Faktum aufzufüllen. Mit diesen Überlegungen sind wir in der Nähe der Systemtheorie und ihrer grundlegenden Differenz zwischen System und Umwelt. Diese Differenz „ist der Ausgangspunkt der Luhmannschen Systemtheorie. Kein System kann unabhängig von seiner Umwelt gegeben sein, denn es entsteht dann, wenn seine Operationen eine Grenze ziehen, die das System von dem unterscheidet, was als Umwelt ihm nicht angehört" (Claudio Baraldi u.a.: Glossar zu Niklas Luhmanns Theorie sozialer Systeme, stw 1997, S. 195. Vergl. auch das Goethe-Zitat auf S. 55).

Formulieren wir noch einmal allgemeiner: Grenzziehungen sind keine gegebenen Gesetze, sondern folgen dem Ausdruckswillen des Gestalters, selbst wenn die Sache einiges an Objektivierbarem mit sich bringt. Das besondere Interesse, das Theater beanspruchen kann, ist jedoch die Beziehung zur spielenden Gruppe. Von daher bleibt eine Kernfrage: Was hat die Sachlage, was hat der gespielte Text, was hat das Stück des Autors, das wir inszenieren, mit mir, mit uns zu tun?

Besondere Schwierigkeiten bei der Antwort auf diese Fragen treten auf, wenn sich eine Gruppe nicht auf EIN Thema beschränken kann oder beschränken will, wie es bei der Kafka-Aufführung aus Mühlhausen der Fall war.

27. DOPPELTE THEMATIK / THEMENKONFLIKT (BEISPIEL 7)
„Kafka, die Treppe hinauf, die hinab führt" (Tilesius-Gymnasium Mühlhausen)

Sicherlich ist eine Beteiligung der SpielerInnen an Grundentscheidungen der Theaterarbeit erstrebenswert; sie kann aber auch Probleme machen. Das lässt sich am Beispiel der Kafka-Aufführung aus Mühlhausen gut erkennen. „... ein Stück entsteht in der Regel", erläutert der Spielleiter im Interview, „indem ich sage, was mich bewegt und ob sie Lust hätten, dazu zu spielen und daß sie mir dann ihre Gedanken dazu mitteilen, die dann mit eingebaut werden" (Dörger, a.a.O., S. 70).

Den Spielleiter bewegte die Person Kafkas, seine Einsamkeit und Heimatlosigkeit; den SchülerInnen fielen dazu im Modetrend liegende Jugendgruppen und -sekten ein (Girlies, Grufties); es erschien möglich, deren Lebenswirklichkeit auf Kafkas Lebensentwurf zu beziehen oder damit zu kontrastieren. Dabei hatte insbesondere das Thema „Satanismus" durch den Mord an einem Schüler der Mühlhäuser Region für die Spielgruppe eine starke, aktuelle Bedeutung; Okkultismus war im Freundeskreis der Jugendlichen ein akutes Reizthema.

Die Spielgruppe arbeitete zunächst an ihrer
▶ **Sachkompetenz**: Analyse der Begriffe (Satanismus, Okkultismus), Historisches, Lexika, Sachliteratur. Gemeinsame Filmbetrachtung (Dokumentarfilme, Kultursendungen) mit Auswertung durch die Gruppe, Einbeziehung der Eltern in die Diskussionen.

So reicherten sich die beiden Themen (Kafka, Okkultismus/Jugendsekten) immer mehr an, blieben aber in Bezug auf Inhalt, Form, Medium und Aussage unterschiedlich. Das wurde noch verstärkt durch die
▶ **Weiterarbeit in Interessengruppen** mit GruppenleiterInnen aus den Reihen der SchülerInnen; eigene Choreographien und Tänze für die Girlies und Satanisten entstanden.

Folglich blieb die Gruftieproblematik (Okkultismus) ein Thema für sich, entfernte sich eher noch mehr von Kafka.

Abstrahieren wir die Entwicklung der Gruppe und arbeiten zugleich die Grund legende Problematik heraus:
Die entstehende Aufführung hatte ZWEI Anregungs- und Gestaltungsquellen, den Spielleiter und einige Jugendliche (an Kafka interessiert), die meisten Jugendlichen (an Jugendsekten interessiert); d.h. das Thema des Spielleiters und das Thema der Gruppe (eines großen Teils der Gruppe) waren **unterschiedlich (konfliktär)** in Bezug auf

Inhalt/Stoff:	Kafka, Einsamkeit	Jugendsekten, Okkultismus
Aussage/Gehalt:	Einsamkeit des Geistigen	Lust auf Rausch, Körper
		Gefahr von Rausch, Körper
Ort:	Prag	Mühlhausen
Zeit:	etwa 1920	1995
Form:	Sprechtheater	Tanz, Ritual(-theater)
Medium/Material:	Sprache	Körper/Bewegung, Video, Musik

Eine Lösung wurde versucht durch die
▶ **dramaturgische Gestaltung**: das Thema Kafka wurde zum Unterrichtsthema gemacht; die Schüler zeigen also in ihrer Inszenierung eine Schulklasse im Fach Deutsch; Kafka ist der „Stoff", den die SchülerInnen unwillig konsumieren.

> So, das war die Überlegung, könnte sich das Kafka-Thema an dem Gegenwarts-Thema brechen. Die dramaturgische Verknüpfung reichte für eine Lösung jedoch nicht aus; die beiden Themen blieben einander fremd, blieben disparat, erhellten sich nicht,

sondern standen weiterhin nebeneinander oder störten sich (für viele Zuschauer). Die dramaturgische Verklammerung ermöglichte zwar das Auftreten von „Kafka" (in der Person eines Schülers, der sich mit Kafka identifiziert), sie fand aber keinen Bezug zu dem zweiten Thema, sondern verwirrte die Zuschauer eher, weil Girlies und Grufties nun im Deutschunterricht auftraten und ihre schwarze Messe im Klassenraum zelebrierten.

Kafka wurde zwar mit Schule verbunden, nicht aber mit der Problematik der Jugendsekten; auch blieb die dramaturgische Verbindung zwischen Jugendsekten und Schule zweifelhaft.

Skizzieren wir mögliche **andere Lösungen** und abstrahieren dabei:
▶ **Unterordnung**: ein Thema trägt das andere, dient dem anderen. Das erste Thema wird als Einstieg genutzt, es führt zu dem zweiten, dem Hauptthema. Beginn mit der These: Kafka einsam, unverstanden; wir nicht, wir haben Rückhalt in der Gruppe (vielleicht als Auseinandersetzung bei der Lektüre in der Klasse). Dann wird die Realität der Grufties eingeführt, auch dort: Einsamkeit der einzelnen in der Gruppe – wie bei Kafka. Das Thema Kafka wirkt also als Klammer; vom Gehalt her nähern sich die beiden Themen an.

Bei einer umgekehrten Hierarchisierung könnte das Stück mit einer Gruftie-Szene beginnen; dabei taucht ein Kafka-Text auf (oder Kafka als Person wie in der Mühlhauser Realisierung) – Kafka wird dann zum Hauptthema.

▶ **Nebenordnung**: Ein Nebeneinander, das jedem der Themen sein Eigenrecht lässt, aber den Konflikt zwischen den Themen austrägt; die beiden Themen beziehen sich also aufeinander, erhellen sich gegenseitig. Realisierbar evtl. über eine Liebesgeschichte: der Kafka-Fan und das Gruftie-Girl (eine andere Milena und ein Hohepriester des Bösen).

▶ **Verklammerung** der beiden Themen durch Orte, Situationen, Handlungen, Inhalte: Eine Schülergruppe kommt nach Prag, geht in eine Kafka-Ausstellung. – Kafka kommt als neuer Schüler in eine Schulklasse der Gegenwart.– Grufties treffen sich an Kafkas Grab.– Grufties planen eine Zeremonie auf einem Prager Friedhof. – Ein trivialer Dialog von zwei Schülern im Vordergrund (auf einer Vorbühne): im Hintergrund werden ihre Assoziationen, Wünsche, Gefühle gespielt – zwei unterschiedliche Welten, die sich zeitweilig überschneiden. -

▶ Um zu Verklammerungen zu kommen: die beiden Themen (Stückentwürfe) tabellarisch nebeneinander stellen, diese **Tabelle** als Ausgangspunkt für ein brainstorming nehmen. – Zu jedem Thema unabhängig voneinander ein Assoziationscluster bilden, nach Überschneidungen suchen.

Die Kafka-Inszenierung zeigt noch einmal, wie wichtig die Verständigung über das Thema für eine Theaterarbeit ist und wie notwendig es ist, Reichweite und Struktur des Themas zu klären.

Nun ist Theater jedoch kein reiner Denkprozess, sondern vor allem ein Vorgang des Gestaltens und Machens. Gedanken können kreisen und springen, vielerlei Probleme zur gleichen Zeit oder in schnellem Wechsel verfolgen. Machen und Gestalten sind gewöhnlich langsamer, haben eine deutlich zeitbestimmte Struktur; Realisierungen erfolgen notwendig nacheinander, Schritt für Schritt[84]. Wer in der Bibliothek nach einem Theatertext sucht, kann nicht gleichzeitig am Bühnenbild malen; wer auf der Bühne probt, kann höchstens anschließend ein Kostüm nähen.

Wir nehmen also im Folgenden Abschied von Überlegungen zum Thema und wenden uns den WEGEN zum Theater zu. Zuvor fasse ich die bisherigen Überlegungen noch einmal zusammen und stelle dabei die Aufführung, das theatrale Ereignis in den Mittelpunkt (Grafik 12).

ZWISCHENBILANZ 3

Gelingt „Theater", so realisiert es sich in einer Balance vieler Faktoren:

Grafik 12

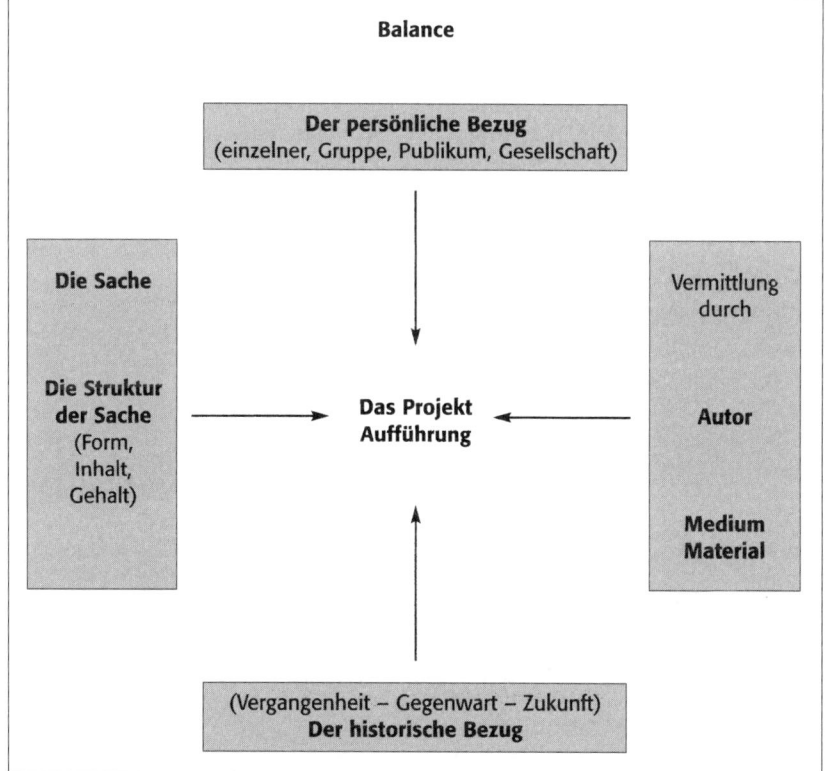

---

84 *„Leicht beieinander wohnen die Gedanken, / doch hart im Raume stoßen sich die Sachen"* (Schiller, Wallensteins Tod II,2).

Sache und Sachstruktur sind nicht schlechthin gegeben; sie werden durch die Gestaltung der Spielgruppe gesetzt und geformt. Der Stoff für diese Formung liegt aber immer schon „vermittelt" vor, ist bereits „geformt", besitzt Struktur (Form, Inhalt, Gehalt) – ob er nun durch einen Autor oder durch viele, auch anonyme „Autoren" vermittelt wurde. Zusätzlich ist jeder Sachverhalt in unterschiedliche, eigentümliche Medien/Materialien eingeschrieben, von denen er sich nicht ohne Umformung und Veränderung ablösen lässt. Dabei lebt jede Sache, jedes Thema, auch die Gegenwartskunst des Theaters in den Dimensionen des Historischen, in Vergangenheit, Gegenwart und Zukunft.

Fakten sind also jeweils in einer spezifischen „Handschrift" gegeben. Sie erreichen uns in einer je besonderen Form, die geprägt ist durch das Material (das Medium), in dem sie vermittelt wird. Und: Sache wie Thema unterliegen bereits dem „Subjektiven" durch die Person des Übermittlers, des Zeugen, des Autors.

Theater sucht dann bewusst nach der „subjektiven Anverwandlung", der eigenen Stellungnahme zum Thema, zur Sachlage; das meint die Stellungnahme des einzelnen, des Spielleiters, der Spielgruppe insgesamt, aber auch die Rezeption durch Publikum und Gesellschaft. Und: Subjektive Anverwandlung bedeutet auch die Verwandlung des „Ich" in eine „Rolle", bei der die Identität „aufs Spiel" gesetzt, eine „fremde Figur" erarbeitet wird und die Überschneidungen Person-Maske, Spieler-Figur, Subjekt, Selbst, Individualität, soziale und Theaterrolle sorglich zu beachten sind[85].

---

85 Zu den dabei auftretenden Fragen vergl. Christel Hoffmann: Zwischen Spiel und Schauspiel, in: Hentschel/Ritter: Entwicklungen und Perspektiven der Spiel- und Theaterpädagogik, Schibri 2004; Hans-Wolfgang Nickel: Spielpädagogik und Maske, in: Hoffmann/Krieger/Nickel: Masken – eine Bestandsaufnahme, Schibri 2005.

E

WEGE

Jeder Mensch muß nach seiner Weise denken; denn er findet auf seinem Weg immer ein Wahres oder eine Art von Wahrem, die ihm durchs Leben hilft.

Nur darf er sich nicht gehen lassen, er muß sich kontrollieren; der bloße nackte Instinkt geziemt nicht dem Menschen.

Goethe, Maximen und Reflexionen 460

28. Wege zum Theater/Phasen der Theaterarbeit (Wege 1)

In den Theoriekapiteln haben wir uns bisher mit Fragen der Struktur von Texten (Werken, Kunstwerken) befasst, die in ihrer Allgemeinheit auch für Theater zutreffen. Jetzt gehen wir von den abstrakten Elementen (Thema, Form, Inhalt, Gehalt) über zu den konkret fassbaren Materialien des Theaters (Kostüm, Schauspieler, Licht usw.), zu den dinglichen Bestandteilen also, die für eine Aufführung nötig sind und die im Lauf der Inszenierung bearbeitet oder bereitgestellt werden müssen. Dabei werden wir auch diskutieren, ob sich in der Abfolge präzisere Phasen ausmachen lassen. Dass es den einfachen Weg

Text—> Probe—> Premiere

(von einem gegebenen Text über die Proben zur Premiere) so simpel und geradlinig nicht gibt, wurde an den Beispielen schon klar. Im Gegenteil: ganz verschiedene Wege sind möglich; der spezifische Weg ist charakteristisch für den Spielleiter und die je besondere Gruppe.

Aus diesem Grund habe ich während der Arbeit mit den Spielleitern des Modellversuchs „Herkommen-Hingehören" eine Grafik entwickelt, die die verschiedenen Bereiche auflistet, die bei der Theaterarbeit zu bedenken sind, und die helfen kann, die unterschiedlichen Wege zu erkennen. Auch diese Grafik ist subjektiv gefärbt, lässt sich erweitern und verändern.
     Sie sollte brauchbar sein als eine Art Checkliste (woran muss ich noch denken?), sie soll erinnern an Aufgaben, die sich im Rahmen einer Theaterarbeit notwendig stellen, sie soll nützlich sein für die methodische Planung (mit welchem Komplex habe ich bereits gearbeitet? Welcher bildet den nächsten Schwerpunkt? Was kommt dann?). Sie soll schließlich den Vergleich ermöglichen zwischen unterschiedlichen Ablaufplänen, spezifisch je nach Gruppe und Projekt und nach individuellen Vorlieben der jeweiligen Regisseure.

Alle genannten Bereiche sind notwendiger Bestandteil von Theater; sie können freilich je nach Spielleiterin als wichtig oder weniger wichtig angesehen werden, wobei diese Bewertungen selbstverständlich im Produkt ablesbar sind. Dabei ist es sicherlich nicht so, dass sich eine Etappe, ein Bereich ein für allemal „erledigen" lässt: die wirkliche Arbeit ist häufig ein Oszillieren zwischen mehreren, vielen Bereichen: in der Arbeit an der Rolle wird der Text verändert, der veränderte Text führt zu anderer Rollengestaltung; Kostüme bewirken eine andere Körperlichkeit des Spielers; beim Wechsel vom Probenraum zur Bühne, vom Arbeitslicht zur Lichtregie verändern Szenen ihren Charakter usw. usw.
     Trotz dieses Dialog-Charakters inszenatorischer Arbeit lässt sich eine Phasierung vornehmen, die kein Gesetz formuliert, aber Stationen benennt; der Weg zur Auffüh-

rung lässt sich grob gliedern, unterschiedliche Arbeitsweisen lassen sich an der unterschiedlichen Reiseroute ablesen.

Ich erläutere zunächst eine **Phasierung von Spitzer**[86], der als Sozialpädagoge einen stark an Themen orientierten Aufbau favorisiert und dabei vier Phasen in der Theaterarbeit unterscheidet, die zwar nicht säuberlich voneinander getrennt werden können, jedoch eher aufeinander folgen:

Gruppenbildung —> Thema/Spiel —> Theaterarbeit —> Aufführung

Am Beginn steht für Spitzer die sozialpädagogische „Grundlegung":
1. Die Phase der **Gruppenbildung** (Themensammlung, Spielübungen, Organisation des Spiels, Bildung eines Spielleitungsteams); die Phase endet mit der Gruppenentscheidung für ein Thema.
2. Die Phase der **Themenerkundung/Spielarbeit** (Vorerfahrungen zum Thema werden aufgearbeitet, Literaturbeiträge genutzt, mit Hilfe von Spiel wird am Thema gearbeitet); die Phase endet mit der Entscheidung der Gruppe, das Thema (das Spielergebnis) bekannt zu geben.
3. Die Phase der **Theaterarbeit** (Zusammenspiel, Überprüfung des Themas auf seine Mitteilbarkeit, Gestaltung für Zuschauer).
4. Die Phase der **Aufführung** (Aufführungen, Zusammenfassung der Ergebnisse).

Dann folgt evtl. die Auflösung der Gruppe oder die Orientierung auf ein neues Thema, eine neue Aufführung – oder die Wahl einer anderen Arbeits-, Vermittlungs-, Gestaltungsform.

In allen vier Phasen, die Spitzer wohlgemerkt als Lernphasen bezeichnet, unterscheidet er drei Ebenen: die Ebene der Gruppe, die Ebene des Themas, die Ebene des Spiels (des Theaters).

Deutlich wird in der Offenheit der Phasenfolge noch einmal die Freiheit des Schul- und Amateurtheaters; es kann sich für ein Thema entscheiden, es kann sich für eine Aufführung entscheiden; es kann sich FÜR eine Aufführung zusammenfinden und sich während der Arbeit an der Aufführung GEGEN die Aufführung entscheiden, also auf die Phasen 3 und/oder 4 verzichten; STRUKTURELL ist es frei in seinen Entscheidungen.

---

86 Fritz Spitzer: Theaterarbeit mit Jugendlichen. In: Sozialpädagogik und Spiel. Materialsammlung 6, LAG Berlin, 1976, S. 43 ff. – Spitzer arbeitet mit dem Begriff des Soziodramas; wichtig für ihn sind die sozialen Erfahrungen seiner SpielerInnen und der Austausch mit dem Publikum über das **Thema.** – Vergl. Hans-Wolfgang Nickel: Jugendamateurtheater. Grundzüge einer allgemeinen Theorie. In: Bundesministerium für Bildung und Wissenschaft: Spielräume. Spielträume. Das Theater der Jugend und sein Treffen. o.J. – Vergl. auch die Weiterführung des Spitzer-Modells durch G. Jankowiak in: Prozeß und Produkt. Materialen und Überlegungen zum 3. internationalen Kongreß „Spielpädagogik", Hamburg 1979.– Zur Problematik des Themas vergl. hier insbesondere Kap. 19 und 25 . -

Drama <—> Skript <—> Inszenierung <—> Veranstaltung

So benennt **Rudi Müller-Poland** seine vier Komplexe bzw. Phasen der Theaterarbeit. Übersetzen wir sie in Verben (Tätigkeiten), so erscheinen sie als
- das Drama „analysieren"
- im Skript die Aufführung „planen"/Ziele für die Aufführung „formulieren"
- in den Proben die Inszenierung „realisieren"
- Probenarbeit, Aufführung und Veranstaltung „organisieren".

„Drama" meint hier den geschriebenen Text eines Theaterstücks (oder auch einen anderen Text, der inszeniert werden soll); „Skript" meint das szenische Konzept, die Partitur – als „Vor"-Stellung entwickelt, in der praktischen Inszenierung(sarbeit) realisiert, als Aufführung organisiert.

Mit jedem der vier Komplexe kann die Theaterarbeit beginnen; als „Phasen" sind sie nicht streng nacheinander geordnet, sondern werden mehrfach durchlaufen, bis sie in der realen Aufführung zusammenfinden[87].

Spitzer entwickelte seine Phasierung vor allem von der Gruppe und dem sie interessierenden Thema her sowie von den pädagogischen Aufgaben des Spielleiters/der Spielleiterin; Müller-Poland akzentuiert die künstlerisch-pädagogischen Aufgaben; demzufolge betreffen die Phasen (auch) die Inszenierungsmittel, die nacheinander oder parallel zueinander von der Gruppe (mit der Gruppe) erarbeitet werden müssen; der Theateranthropologe Schechner untersucht die Organisationsformen des Theaterprozesses und unterscheidet sieben Typen (vom Training bis zur Nachbereitung, vgl. Fußnote 102).

Resümieren wir: „Theatermachen" umfasst sehr unterschiedliche Bereiche, Tätigkeiten, Probleme, Aufgaben; sie lassen sich nicht alle auf einmal „erledigen"; es gibt keine Organisationsstruktur, die zwingend angesagt ist; es gibt keine festgelegte Reihenfolge, in der die Aufgaben bearbeitet werden müssen. Deshalb ist der „Weg zur Aufführung" in den einzelnen Theatergruppen, bei unterschiedlichen Regisseuren durchaus verschieden.

Nehmen wir als Beispiel den professionellen Bühnenbildner und Regisseur Michael Simon, der 1996 an die Schaubühne Berlin verpflichtet wurde, und zitieren ein Interview (abgedruckt im Programmheft von „schlaflos"):
„Wie würdest du deine Art, Theater zu machen, beschreiben?
*Es fängt immer mit einer Installation an. Ich mache mir Gedanken über den **Raum**.*
*Es gibt ein **Thema**, das ich anfange zu analysieren, dann einen **Text** und es gibt*
***Schauspieler**, mit denen ich arbeiten möchte und die sich auf so etwas einlassen wollen. Dazu kommt später eine neue **Eigendynamik** innerhalb der Probe ... Und dann*
muss man das Schiff auch treiben lassen ...".

---

87 Vergl. Rudi Müller-Poland: „Nachdenken über Theater", 1988, S. 55

Der Weg zur Aufführung hat demnach, so können wir resümieren, bei Michael Simon folgende Stationen: **Raum —> Thema —> Text —> Schauspieler —> Improvisation —> Aufführung.** Dieser Weg ist in der folgenden Grafik 13 eingezeichnet; „Eigendynamik innerhalb der Probe" habe ich dabei mit „Improvisation" ‚übersetzt'; „Schauspieler" heißt für M. Simon auch Auswahl der ihm geeignet erscheinenden Schauspieler aus dem Ensemble – die so genannte „Besetzung".

Grafik 13

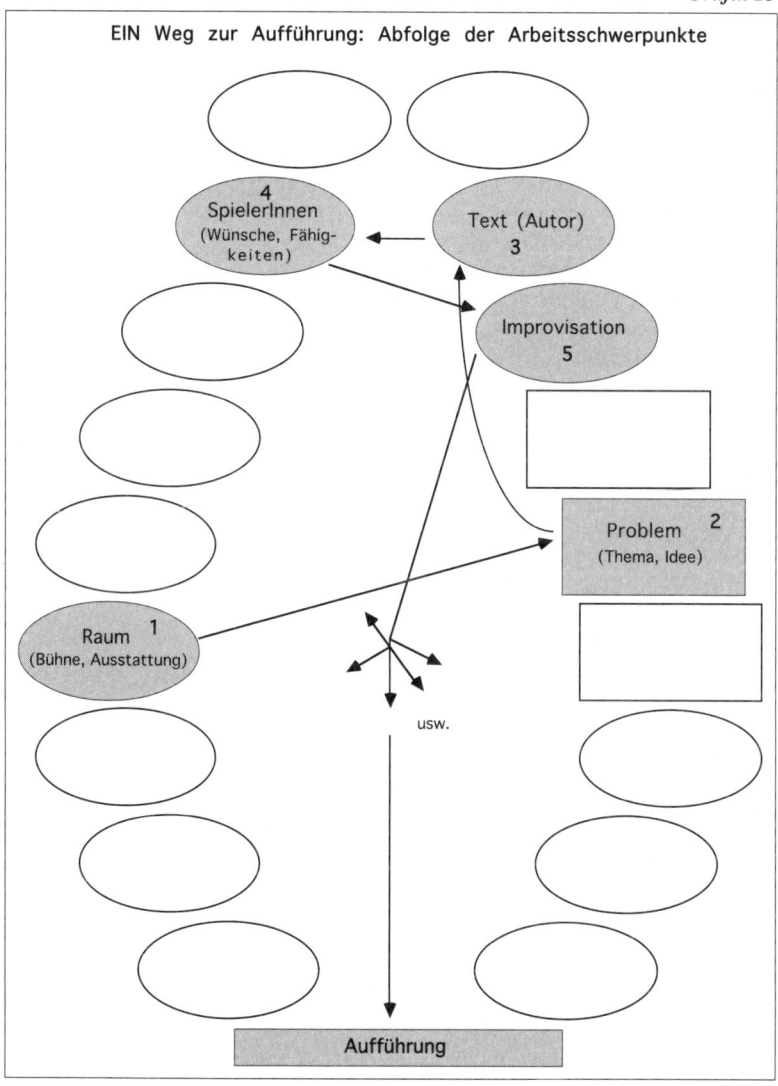

Auch für die Grafik 13[88] gilt, dass es bei den Nennungen von Michael Simon um **Schwerpunktsetzungen** innerhalb der Arbeit geht, dass also

1. so gut wie kein Bereich nach der ersten Bearbeitung „fertig", ein für alle mal „erledigt" ist (noch während der Generalprobe kann z.b. Text gestrichen oder verändert werden); dass

2. häufig mehrere Bereiche zugleich bearbeitet werden, also keine absolut klare (oder nur eine mehrfache) Schwerpunktsetzung möglich ist.

Und sicherlich sind im Interview mit dem Schaubühnenregisseur nicht alle Arbeitsbereiche einer Inszenierung genannt; ich vervollständige deshalb die Grafik und führe eine Reihe weiterer Arbeitsbereiche[89] auf; darunter sind einige, mit denen nur in Ausnahmefällen begonnen wird (eine solche Ausnahme gab es einmal bei den Ferienkursen des Instituts für Spiel- und Theaterpädagogik der HdK Berlin: eine Werkstatt „Kostüm", die mit Entwurf UND Herstellung von Kostümen begann, dann erst Rollen und Szenen zu den Kostümen entwickelte!). Auch kommt es durchaus vor, dass Arbeitsbereiche während des Theatermachens „übersehen", jedenfalls nicht eigens reflektiert und/oder bearbeitet werden (eine Gruppe kann z.b. ihre Theaterarbeit mit der Auswahl des Publikums beginnen: „Wir spielen etwas für die Kindertagesstätte nebenan"; der Bezug auf das Publikum kann aber auch vergessen werden – dann ist bei der Premiere einfach „irgendwie" ein Publikum im Saal versammelt[90]. Ähnlich wird die „Maske" bei Amateuraufführungen nur selten reflektiert; zum Schluss tragen die Spielerinnen dann etwas mehr Schminke auf als sie es sonst tun …).

Im Normalfall aber hat jeder der Arbeitsbereiche seine Wichtigkeit und wird dementsprechend bewusst bearbeitet (Grafik 14):

---

88 Grafik 13 und 14 wurden von mir für den Modellversuch entwickelt (vergl. Fußnote 40).

89 Meine Auflistung ist sicherlich nicht die einzig mögliche. In der **Semiotik des Theaters** von Erika Fischer-Lichte, Band 1: Das System der theatralischen Zeichen, findet sich z.B. folgende Einteilung:
Die **Tätigkeit des Schauspielers**: sprachliche, linguistische, paralinguistische, kinesische, mimische, gestische, proxemische Zeichen.
Die **Erscheinung** des Schauspielers: Maske, Frisur, Kostüm.
Raum: Der Raum des Theaters.
Der **Bühnenraum**: Dekoration, Requisiten, Licht.
Akustik: Geräusche, Musik.–
Erika Fischer-Lichte hat also versammelt, was gleichsam „materiell" IN der Aufführung vorhanden ist; es fehlt dabei allerdings das Publikum. -
Meine Auflistung bezieht sich auf die ARBEIT AN der Aufführung und soll die unterschiedlichen Ansätze und Methoden (Wege!) deutlich machen. Die leitende Fragestellung ist also: Wo setzt die (konzeptionelle oder praktische) Tätigkeit an?

90 Zur Wichtigkeit des Publikums vergl. Kap. 34

Grafik 14

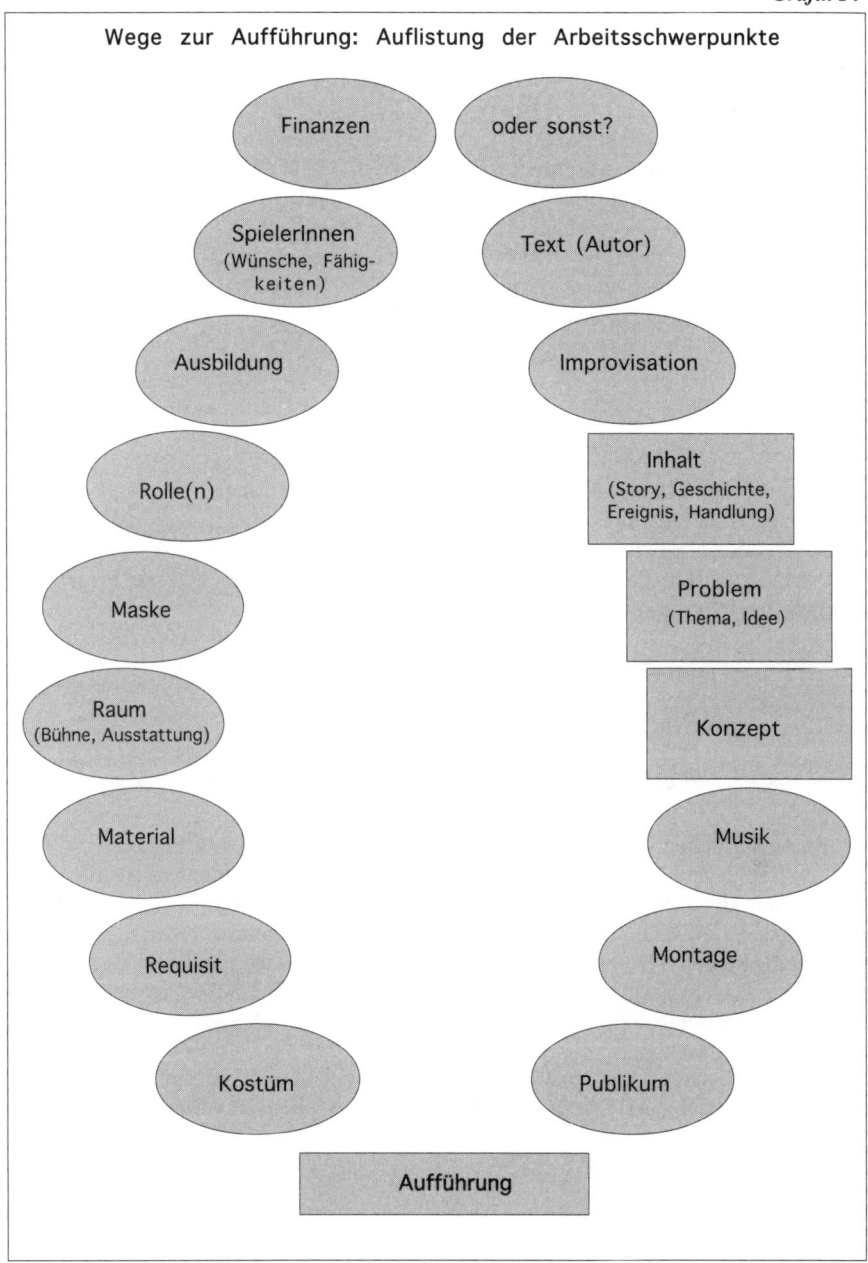

Wege zur Aufführung: Auflistung der Arbeitsschwerpunkte

Finanzen

oder sonst?

SpielerInnen
(Wünsche, Fähig-
keiten)

Text (Autor)

Ausbildung

Improvisation

Rolle(n)

Inhalt
(Story, Geschichte,
Ereignis, Handlung)

Maske

Problem
(Thema, Idee)

Raum
(Bühne, Ausstattung)

Konzept

Material

Musik

Requisit

Montage

Kostüm

Publikum

Aufführung

Die in der vorstehenden Grafik 14 aufgeführten Arbeitsbereiche können mit der **Gruppe insgesamt** bearbeitet oder von **Spezialisten** (Spezialistenteams) übernommen werden; im Amateurtheater ist es eher so, dass gemeinsam in der Gesamtgruppe gearbeitet wird; das entspricht auch dem Ideal von Ganzheitlichkeit und gemeinsamer Verantwortung.

Vom Spielleiter allein oder einer kleinen Gruppe werden häufiger die eher **theoretisch-intellektuellen Aufgaben** (sie sind in der Grafik als Kasten eingezeichnet[91]) übernommen: der Spielleiter sucht das Stück aus, macht sich Gedanken über das Konzept; ein „Dramaturgieteam" übernimmt die Stückauswahl oder ist für die Montage der einzeln improvisierten Szenen verantwortlich; ein Regieteam plant die Grundlinien der Inszenierung vorab; eine besondere Gruppe (z.B. der Kunstlehrer mit einer Nachbarklasse) kümmert sich um Bühnenbild und Licht ...

Damit sind wir schon bei den **praktischen Aufgaben** des Theatermachens; sie sind in der Grafik als Ellipsen eingezeichnet; sie werden eher mit allen zusammen in der Theatergruppe bearbeitet.

Hilfreich sollte die Grafik für das Theatermachen insgesamt sein: sie kann schon bei der Planung zur Klärung der eigenen Methode beitragen (welchen Weg gehe ich, will ich gehen?), sie lässt sich als eine Art Check-Liste brauchen (an was muss ich noch denken?). Beziehen wir die Grafik auf die Modellversuchsgruppen, so wird deutlich, wie die eigene Betroffenheit, der eigene Bezug, die Besonderheiten von Projekt und Gruppe zu einem je spezifischen Weg führen.

29. Wege zum Theater (Wege 2)
(Beispiele aus dem Modellversuch)

Wir hatten gesehen, dass die simple **Abfolge Text—> Probe—> Premiere** (s. Kap. 28) im Schul- und Amateurtheater nicht zu haben ist, dass sich aber trotzdem eine Phasierung diskutieren, eine Liste von Bereichen formulieren lässt, die zumindest brauchbar ist als Erinnerung an Aufgaben, die sich im Rahmen einer Theaterarbeit notwendig stellen – freilich in unterschiedlichen Ablaufplänen realisiert werden können, spezifisch je nach Gruppe und Projekt und nach individuellen Vorlieben der jeweiligen Regisseure.

Aus diesem Grunde hatte ich die SpielleiterInnen gebeten, IHREN Weg durch die Inszenierung in der vorstehenden Grafik 14 einzuzeichnen, ihre Schwerpunkte, ihre

---

91 Einzelne Rubriken (z.B. Finanzen, Publikum) könnten sowohl als konzeptionell-theoretisch wie als praktisch-handelnd klassifiziert werden.

Reihenfolge zu benennen (diese Reihenfolge ist keinesfalls schlichtweg eine Wertung
– wenn sie auch einiges über die Wertigkeit aussagt, die die Spielleiter den einzelnen
Faktoren von Theater beimessen, manchmal beimessen müssen, weil Grund legende
Entscheidungen bisweilen schon mit ersten notwendigen Schritten verbunden sind).

Was die SpielleiterInnen als ihren Weg charakterisieren, war in den Beispielen 1
bis 7 schon ablesbar; trotzdem ergeben sich einige Einsichten, wenn die Wege im folgenden vergleichend nebeneinander gestellt werden.

Alle Gruppen mussten das umfassende **Rahmenthema** einengen, auf sich und ihr Interesse beziehen, ein **Teilthema** auswählen.

Bei einigen Gruppen führte der Weg vom (gegebenen und eingeengten)

Thema — —> Stück

So geschehen
- bei den Theatermäusen (bei ihnen lässt sich fast von einer Identität zwischen
  (Teil-) Thema und Gruppe sprechen);
- bei DOTS und TEGS (sie fanden ein ihnen nahe liegendes historisches Thema);
- bei der Spielschar (sie griff zu einem, für sie nahe liegenden biblischen Thema,
  vergl. Kap 34).

Für andere Gruppen war das (noch zu findende oder schon gewählte) Thema schwierig, ungreifbar, abstrakt, wenig attraktiv; sie wählten den Einstieg über ein Hilfsmittel
(ein Zugangsmittel), also

Themenstellung —> Zugangsmittel —> Themenfindung

So geschehen
- in Vellmar mit mehreren theatralen Figuren, schließlich eingeengt auf Ubu;
- beim Gutenberg-Gymnasium mit dem Gestaltungsmittel Maske.
Dabei wurde mit der Maske wirklich das Thema Edda gestaltet (Inhalts- und Formthema also gleich berechtigt behandelt), während in Vellmar sehr schnell die Zu-
gangsfigur Ubu und das Formthema „Theatermachen" dominierten (vergl. Kap. 32).

Einige Gruppen hatten schon vor der Themenstellung ein Stück gewählt oder wählten
sehr schnell ein Stück, das seinen eigenen Schwerpunkt „mitbrachte" und/oder sich
zum Thema in Verbindung setzen ließ:

Stück —> Thema

So geschehen
- beim Sommernachtsraum in der Schotte (die Theaterarbeit als das „Hingehören"
  der jugendlichen Theatermacher, vergl. Kap. 31);
- bei den erotischen Geschichten aus 1001 Nacht (der Weg der Faustkids vom Kind
  zum Jugendlichen, vergl. Kap 33);

- in Schwitters grotesker Oper in Kassel (die zum Zentralthema „Stilform Grotesk", also einem Formthema führte);
- beim kleinen Prinzen in Pössneck (bei dem, so könnte man vielleicht zuspitzen,
  der Gruppe letztlich der „Mut zum Thema" (WIR und der kleine Prinz) fehlte und
  die deshalb in das Stück „zurück fiel").

Schließlich in der Kafka-Bearbeitung des Tilesius-Gymnasiums ein **Doppelthema**:
das inhaltliche Doppel Kafka-Jugendsekten – das formale Doppel Wort-Tanz, jeweils
nur von einem Teil der Gruppe getragen (und deshalb auch vom Publikum nur gespal-
ten aufgenommen).

Vielleicht lässt sich folgende These wagen: Erfolg im Jugendamateurtheater ist dann
zu erwarten, wenn den SpielerInnen das EIGENE klar ist und sie Eigenes gestalten;
ihre gestalterische KRAFT speist sich aus dem Eigenen.

Deshalb
- störten sich bei Kafka zwei „Eigen"heiten;
- im Kleinen Prinzen mochten die Spieler sich nicht zum Eigenen bekennen;
- die Spielschar brachte Eigenes ins FREMDE (in das fremde Publikum), wo es seine Kraft verlor (Kap. 34).

Es ist also wichtig, den eigenen Schwerpunkt zu finden, das eigene Interesse zu erkennen! In diesem Zusammenhang ist es nützlich, den Begriff „Konzept" noch einmal aufzugreifen; im Konzept wird ja unter anderem auch der eigene Schwerpunkt,
das eigene Interesse formuliert und festgehalten.

30. SCHWERPUNKT / INTERESSE / KONZEPT
(WEGE 3, THEMA 6)

An den bisherigen Beispielen wie an jeder konkreten Theater-Arbeit lässt sich erkennen, dass Gruppen unterschiedliche thematische (inhaltliche, gestalterische) Schwerpunkte setzen, von daher unterschiedliche Konzepte formulieren und unterschiedliche Wege zum Theater wählen, sodass schließlich unterschiedliche Aufführungen
entstehen. Selten aber bringen Gruppen schon ein deziertes Interesse, einen klaren
Gestaltungswillen mit; wenn, dann stammen sie aus Vorerfahrungen: die Gruppe will
„genau so" arbeiten wie bei dem vorigen Projekt oder „etwas ganz anderes" probie-
ren. Selten auch finden sich Gruppen zu einem spezifischen, klar definierten Vorhaben zusammen.
    Also muss meist der Spielleiter zur Klarheit verhelfen; er muss Interesse wecken,
nach dem Interesse der Gruppe suchen, sie durch ein Thema, einen Text, eine spezifische Form der Gestaltung reizen; er muss eine längere Such- und Eingewöhnungs-

phase einplanen. Es ist jedoch unbedingt wichtig, einen klaren Schwerpunkt zu finden, um sich nicht in der Vielgestaltigkeit möglicher Wege zum Theater zu verlieren, um nicht ratlos zu werden vor der Fülle möglicher Formen.

Normalerweise entdecken Gruppen „ihr" **Interesse** während der praktischen Arbeit. Mit Hilfe konkreter und reizvoller Angebote muss die Spielleiterin der Gruppe zu dieser Entdeckung verhelfen, muss sie motivieren und bei der Suche nach der zündenden „eigenen Idee" unterstützen.

Hat der Suchprozess keinen Erfolg, dann macht die Gruppe entweder irgendwie irgendein Theater oder sie zerfällt. Bei einem Erfolg entwickelt die Gruppe ein spezifisches Profil. Es zeigen sich eher formale oder eher inhaltliche Interessen (vergl. Kap. 16), die sich vielfach in einem gestalterischen oder inhaltlichen Problem (in einem Problemkomplex) bzw. in einem Thema (in einem Themenkomplex) konkretisieren.

Aber auch während der Arbeit ist es wichtig, den Schwerpunkt für eine bestimmte Arbeitsphase oder Probe deutlich zu machen, also (Teil-)Probleme zu formulieren, (Teil-)Themen zu benennen. Vor allem theaterungewohnte Gruppen sind überfordert, „alles", was mit Theater zusammenhängt, zu überschauen, den Gestaltungsvorgang insgesamt ins Auge zu fassen. Sie würden eher vor der Komplexität der Aufgabe erschrecken. Also muss der Spielleiter vereinfachen; für sich selbst muss er um alle Aufgaben wissen, die Übersicht behalten, ihre Dringlichkeit einschätzen können; für die Gruppe muss er sie in kleine Portionen zerteilen, sie gleichsam „mundgerecht" servieren. Durch Benennung einer Teilaufgabe, eines temporären Schwerpunkts kann er die Aufmerksamkeit seiner SpielerInnen konzentrieren; die reduzierte Aufgabe erscheint lösbar, macht Lust. Aber auch die Teilaufgabe sollte an das Interesse der Gruppe anschließen, sich mit ihrer wirklichen Anteilnahme verknüpfen.

Fassen wir noch einmal zusammen, wie der Spielleiter die Theaterarbeit aus dem Interesse der Gruppe entwickelt bzw. an das Interesse der Gruppe anbindet:

In einem **1. Schritt** sollte der Spielleiter ein allgemeines **Interesse** am Thema oder am Stück erreichen; dabei muss noch nicht geklärt sein, was an diesem Thema, an diesem Stück für die Gruppe das Besondere ist, was der Schwerpunkt ihrer Arbeit sein soll.

In einem **2. Schritt** sollte das Interesse **vertieft** werden:
▶ Teilaufgaben stellen: einige Sätze aus dem Stück; ein Ausschnitt aus dem Thema (wenn bereits theoretisch vorgeklärt wurde, dann eher praktisch-spielerisch). Dabei das spezifische Interesse an dem Ausschnitt wecken, Teilklärungen vornehmen.
▶ Arbeitsweisen häufig wechseln, Unterschiedliches ausprobieren: Aspekte des Themas in unterschiedlichen Theaterstilen/Theaterformen improvisieren; Stücke (Texte) suchen zu dem gewählten Thema; bei einem bereits festgelegten Stück das Thema formulieren und als knappe Werbesendung inszenieren …

Erst nach mehreren solchen Erkundungen kann in einem **3. Schritt** die Frage nach dem zentralen **Schwerpunkt** der Arbeit gestellt werden. Die Antwort kann vorläufig sein, sie kann noch revidiert werden; es ist aber wichtig, sie gleichsam als Richtung weisend schon einmal zu formulieren und dabei zu bilanzieren:

- wir haben ein Thema, das uns interessiert;
- wir haben ein spezifisches Interesse an einem Aspekt dieses Themas;
- wir sehen Möglichkeiten, über Improvisationen zu einem eigenen Stück zu kommen (oder: wir haben ein Stück gefunden, das „unser" Thema behandelt; wir haben ein spezifisches Interesse an einem Aspekt dieses Stückes; wir sehen eine Möglichkeit, dieses Stück für eine Aufführung zu erarbeiten).

Dann wird es wichtig, in einem **4. Schritt** zumindest ein **vorläufiges Konzept** zu formulieren, also ein Ordnungsgerüst, das helfen soll, Interpretationsmöglichkeiten (des Stücks, einzelner Figuren usw.), szenische Einfälle, Szenen zu bewerten und zu einer Gesamtvorstellung zu verbinden, die Publikum, Ressourcen, Spielgruppe und Stück in ein Gleichgewicht bringt, das zudem dem Ausdruckswillen des Regisseurs (und der Gruppe) entspricht.

Das Konzept sollte **explizit** gemacht, d.h. durchdacht und formuliert werden, damit sich die Inszenierung nicht gleichsam naturwüchsig zusammenstoppelt, das Stück über die Spieler dominiert, der Regisseur selber nicht weiß, was er eigentlich erarbeitet hat; er soll in der Lage sein, die Stimmigkeit seiner Arbeit mit Hilfe des Konzeptes[92] zu überprüfen.

Wenn das Thema umrissen, ein eigenes Stück skizziert (oder ein Autorenstück ausgewählt und interpretiert), der Gestaltungswille im Konzept formuliert wurde, folgt als **5. Schritt**, als vorwiegend praktische Arbeitsphase, die Hinführung des Spielers, der Spielerin zur **Rolle**, der Gruppe zur **Aufführung**[93].

---

92 Zusätzlich ist zu denken an ein **didaktisches Konzept** (vgl. Fußnote 14).

93 Die genauere Ausführung bleibt weiteren Publikationen vorbehalten. In „Regie als Spielerbegleitung" wäre vor allem die Arbeit an der Rolle darzustellen; „Regie als Formgebung für ein Publikum" müsste die eigentliche künstlerisch-pädagogische Arbeit darstellen (vergl. Fußnote☐1).

ZWISCHENBILANZ 4

Fassen wir, um den Überblick in den vielfachen Differenzierungen nicht zu verlieren, unsere Überlegungen noch einmal sehr einfach und schlaglichtartig zusammen:

- Thema/Schwerpunkt/Interesse formulieren knapp das Arbeitsvorhaben;
- die Stoffsammlung zum Thema (das Stück eines Autors) steht in Relation zu Thema/ Schwerpunkt/Interesse und stellt sich als komplexes Gesamtmaterial dar;
- die Inszenierung konkretisiert dieses komplexe Gesamt und formt es zu einer Aufführung.

Die Ausarbeitung kann auf vielen möglichen Wegen erfolgen. Sie ist notwendigerweise ganzheitlich, wird jedoch akzentuiert durch einen bestimmten (auch unbewussten) Fokus und ein (ebenfalls möglicherweise unbewusstes) gruppenspezifisches Interesse (das sich z.B. von dem Ausgangsthema ganz entfernt haben kann).[94]

Wenn ich auch in dem hier vorliegenden Text immer wieder darauf hingewiesen habe, dass Theater nicht einfach „passieren" sollte, sondern bewusst zu erarbeiten ist (und dass gerade den SchülerInnen, die „Theater" lernen, auch verständlich gemacht werden sollte, was beim Theatermachen geschieht), so darf diese Forderung keinesfalls dazu führen, dass der Theaterprozess zu einer Rechenaufgabe degeneriert und der Regisseur sich verpflichtet fühlt, die Inszenierung zu solch lückenloser Klarheit und Richtigkeit zu entwickeln, dass keinerlei individuell-abweichendes Verstehen, geschweige denn ein „Miss"-verständnis auftreten kann.

Zitieren wir in diesem Zusammenhang zunächst eine Warnung von Goethe, der ja nicht nur als Autor, Dramatiker und bedeutender Theaterleiter praktisch tätig war, sondern sich zur Kunst immer wieder auch theoretisch geäußert hat:

„Ich hörte ihn (Goethe) oft behaupten", berichtet Friedrich von Müller, seit 1801 Jurist und Verwaltungsbeamter in Weimar, „ein Kunstwerk, besonders ein Gedicht, das nichts zu erraten übrig ließe, sei kein wahres, vollwürdiges; seine höchste Bestimmung bleibe immer: zum Nachdenken aufzuregen; und nur dadurch könne es dem Beschauer oder Leser recht lieb werden, wenn es ihn zwänge, nach eigener Sinnesweise es sich auszulegen und gleichsam ergänzend nachzuschaffen" (F.v. Müller, Goethes letzte Lebensjahre, Artemis-Gedenkausgabe 23,826).

„Nach eigener Sinnesweise auszulegen ... ergänzend nachzuschaffen" – Offenheit also für den Zuschauer, Möglichkeit für eine „subjektive Anverwandlung" (vergl. von Hentig, Kap. 21), Respekt vor der Polyfunktionalität der Zeichen, die sich nicht digi-

---

94 Wie die unterschiedlichen Spielformen in diese Ausarbeitung (auch und gerade durch eine professionelle Regie) einbezogen werden können, erläutert Kadir Cevik in seiner Dissertation "Spiel- und Theaterpädagogik als Fundament in der Regiearbeit", Verlag Dr. Kovac, Hamburg 1999).

tal verkürzen lassen, dazu Achtung von Zufall und Rausch (vergl. Caillois, Fußnote 108) – „Lust und ungehemmtes Erspielen", wie wir diesen Teil des Theaters in den zusammenfassenden Schlusskapiteln („Aufgaben der Spielleitung" und „Balance der Tätigkeiten") charakterisieren werden – Apollon UND Dionysos!

Ehe wir jedoch das Theatermachen aus der Sicht der Spielleiterin zusammenfassen, will ich noch auf vier weitere Beispiele aus dem Modellversuch hinweisen, die wichtige Phänomene, besondere Stationen und Organisationsformen von Theaterarbeit deutlich machen, die bisher noch nicht zur Sprache gekommen sind:
- Ausbildung (die Vorbereitung der SpielerInnen),
- wirkliches Interesse (und die Suche danach),
- Workshop (als spezifische oder ausschließliche Arbeitsform),
- Publikum (korrespondierend oder nicht korrespondierend mit der Aufführung).

F

STATIONEN /FORMEN

Es ist nicht genug zu wissen, man muß auch anwenden; es ist nicht genug zu wollen, man muß auch tun.

Goethe, Maximen und Reflexionen 689

31. AUSBILDUNG: DIE SPIELER VORBEREITEN (BEISPIEL 8)
Shakespeare: „Der Sommernachtstraum"
(Schotte e. V., Gesellschaft zur Förderung von Kindern und Jugendlichen, Erfurt)

SpielleiterInnen im Schul- und Amateurtheater haben mit Aufführung UND Ausbildung eine doppelte Aufgabe; sie stehen vor dem Problem, die Arbeit an einer Aufführung mit der Ausbildung zum Theaterspielen (oder zumindest mit einer Einführung in das Theatermachen) zu verbinden. Fragen von „Ausbildung" der SpielerInnen waren also für alle Modellversuchsgruppen wichtig und wurden immer wieder thematisiert; in der Grafik „Wege zur Aufführung" wurde von verschiedenen Gruppen der Komplex „Ausbildung" mit an die Spitze der Reihenfolge gesetzt[95], gilt es doch bei länger zusammen bleibenden Gruppen, die kontinuierlich arbeiten wollen, die naive Spielfähigkeit der SpielerInnen nicht nur für eine einmalige Aufführung zu nutzen, sondern für größere Aufgaben zu entwickeln. Damit stoßen wir auf eine weitere Bedeutung des Begriffs **Theaterpädagogik**. Er meint in diesem Fall also nicht die direkte Arbeit mit dem Publikum (wie bei dem Theaterpädagogen an einem professionellen Theater), auch nicht die Ausbildung von jungen Menschen zu professionellen SchauspielerInnen (wie sie an der Hochschule oder in anderen Ausbildungsinstitutionen stattfindet), sondern die **gestufte Heranführung** von sehr jungen Menschen über Spiele, Etüden, kleine Aufführungen, „kleine" Rollen zu „großen" Rollen, großen Aufführungen, d.h.

für die Gruppe insgesamt

die spielerische Entwicklung unter Wahrung ihrer Eigenwilligkeit;

für jeden einzelnen

die Ausbildung von Spielfähigkeit (künstlerische Kompetenz),

von Verantwortungsbewusstsein (soziale Kompetenz),

von Welt- und Theaterverständnis (kognitive Kompetenz).

Ich beschreibe diese Entwicklung genauer am Beispiel der Schotte:
Schotte e. V., Gesellschaft zur Förderung von Kindern und Jugendlichen, nach der Wende neu gegründet, vorher bereits eine lange Geschichte als Erfurter Kinder- und Jugendtheater (seit 1961), zusätzlich ab 1986 als Jugendbühne TI©K (Theater im Kultur- und Freizeitzentrum). Heute ein Repertoire-Theater mit verschiedenen Produktionen parallel; 245 Veranstaltungen im Jahr 2004 für 23 047 Besucher (16 eigene Programme mit insgesamt 129 Vorstellungen, dazu 47 Wiederaufnahmevorstellungen eigener Programme, 50 Gastspiele, 19 offene Workshops, etwa 500 Teilnehmer beim Projektunterricht für Schulen). Die ca. 150 jugendlichen Mitglieder zahlen einen jährlichen Mitgliedsbeitrag von 60,- Euro und zusätzliche Kursgebühren. Beim Sommernachtstraum, dem Beitrag der Schotte zum Modellversuch, waren insgesamt 35 Jugendliche zwischen 14 und ca. 20 Jahren beteiligt. (Während ich die letzten Korrekturen an diesem Buch vornehme, kommt die Nachricht, dass der Schotte, diesem vorzüglichen, allseits gelobten Vorzeigeprojekt SÄMTLICHE Zuschüsse gestrichen wurden! Schändlich!)

---

95 Grimm-Schule, Vellmar u.a. Vergl. auch Fußnote 48

Neben zwei thematischen Gruppen für Ältere (z. B. Improvisationstheater, Clowns-spiele) gibt es 5 **Etüdengruppen**. Mit diesen Etüdengruppen beginnt das „Theater-machen" in der Schotte; die TeilnehmerInnen sind im Alter von 9 bis etwa 14 Jahren, unterschiedlich in Alter und Vorkenntnissen. Soweit Platz ist, wird jede(r) aufgenom-men und bleibt 6-8 Wochen zur Probe. Laut Fragebogen kommen BewerberInnen we-gen Freunden, um Spaß zu haben, um Theater zu machen. Wenn sie nach der Probe-zeit weiter interessiert sind, werden sie Vereinsmitglied in der Schotte e.V.; das ist auch wichtig wegen der Versicherung!

„Zu uns kommen Kinder ab 9 Jahre und spielen gemeinsam, ohne Inszenierungs-absicht. Wir leben, glaub ich, auch ein Stück weit zusammen, begleiten uns wirklich gegenseitig. Die Schotte kann nur leben, wenn die Kinder und Jugendlichen da sind, und wenn wir als Partner da sind. Das ist ein gegenseitiges Geben und Nehmen, denn ohne sie gibt's keine Schotte – und ohne uns wohl auch nicht. Wir brauchen uns. So sag ich es ihnen auch immer" (Interview mit Renate Lichnok in: Dörger, a.a.O., S. 94 f).

In den Etüdengruppen geht es um Grundtechniken, Sensibilisierungsübungen, Kon-zentrations- und Beobachtungsspiele, Interaktionsübungen, Musizieren mit dem Orffschen Instrumentarium usw.; z.T. wird schon auf eine große Inszenierung hinge-arbeitet, in die der „Nachwuchs" hinein genommen wird. Im „Drachen" (J. Schwarz) spielten „Etüdenkinder" Volk und Handwerker, im „Sommernachtstraum" die Gruppe der Elfen. Was ist für die Hauptinszenierung nötig, was wird vom Stück verlangt? – unter diesen Fragen steht dann auch ein Teil der Arbeit in den Etüdengruppen.

Wer in die Hauptinszenierung hinein genommen wird (bei den Elfen waren es etwa 20 SpielerInnen, aus allen Etüden-Gruppen, 13 bis 17 Jahre alt), spielt dann nicht mehr in einem alten Klassenraum, sondern probt (meist in Doppelbesetzung) und lernt dabei Bühne, Licht, Verantwortung, Kostüm, kleine Sprechrollen, emotionale Inszenierungsbegleitung (Stimmung schaffen, Stimmung halten und verstärken); die „Neulinge" können die „Großen" beobachten, spielen schließlich in einer Auf-führungsserie mit. *„Dann reift alles, ist ihnen ganz bewußt, was sie spielen, der Kör-per, Kopf und Herz sind voll dabei …"* (Renate Lichnok, Dörger S. 78).

Die hier skizzierte Entwicklung umfasst also eine Zeitdauer von vier und mehr Jah-ren; in der Regel findet die Etüdengruppe einmal wöchentlich statt, für Aufführungen wird häufiger geprobt; für viele kommen weitere Aufgaben im Bereich des Theater-machens dazu.
   Die gemeinsame Arbeit an der Hauptinszenierung beginnt traditionell im Som-mer-Probenlager mit vielen Improvisationen; das dient auch der Integration der ver-schiedenen Gruppen.
   Daneben gibt es Studioproduktionen mit kleineren Ensembles für die jüngeren SpielerInnen; auch als Regisseure darf und soll sich eigener Nachwuchs versuchen.

Renate Lichnok spricht zwar vom „Risiko der **Studioproduktion** ... aber ohne Versuch kämen wir mit unserem Ansatz, Chancen für die Entwicklung junger Leute einzuräumen, nicht nach" (Dörger, S. 14)

So kann eine intensive spielerische (und menschliche!) Entwicklung realisiert werden: SpielerInnen erproben sich zunächst in kleinen Rollen, deren Typ sie mitbringen; dann in größeren; sie werden warm IN ihrem Typ, können dann auch über ihren Typ HINAUS gehen, ihr Spielvermögen zu Antitypen ausweiten. Manche Stücke werden drei bis vier Jahre lang gespielt; Spielerinnen reifen in ihren Rollen, übernehmen bei Umbesetzungen größere Rollen.

Mit 18/19 Jahren gibt es fast immer einen Alterseinschnitt: Studium und Beruf führen die Jugendlichen häufig weg von Erfurt; dann waren sie aber oft mehr als 10 Jahre dabei, kommen zurück zu Aufführungen, zu Festen, zu neuen Initiativen: die Schotte als „Heimat" und „Lebensschule". Dieser für die Schotte-SpielerInnen spezifische Sinn des Themas „Herkommen-Hingehören" wurde nicht Thema ihrer Theaterarbeit, wurde bei einer Befragung zwar auch formuliert, von den Jugendlichen jedoch bewusst aus ihrer Theaterarbeit herausgehalten.

32. THEMENSUCHE: DEN SCHWERPUNKT FINDEN (BEISPIEL 9)

„Köng Ubb" nach Alfred Jarry (Jugendtheater im Piazza Vellmar)

Beginnen wir mit einer Warnung vor dem „Thema": **Thema** ist eine abstrakt-theoretische Kategorie, eine Aufgabe (die konkretisiert werden kann); Theater realisiert sich höchstens ZU einem Thema, nicht ALS Thema, sondern in Handlungen[96] und Figuren (d.h. SpielerInnen in ihren Rollen). Das formulierte schon Aristoteles; in seiner Poetik bezeichnet er die **Fabel**[97] als „Quelle und gleichsam Seele der Tragödie", eine „Verknüpfung der Begebenheiten. Denn die Tragödie ist nicht eine nachahmende Darstellung von Menschen, sondern von Handlung. Demnach sind die Handlungen, also die Fabel, das Endziel der Tragödie". Verwirrend könnte sein, dass Aristoteles in anderen Übersetzungen etwas anders klingt. So heißt es in der Übersetzung von Olof Gigon (Poetik. Stuttgart: Reclam 1961): „... die Tragödie ist nicht die Nachahmung von Menschen, sondern von Handlungen und Lebensweisen, von Glück und Unglück. ... Ursprung und gewissermaßen Seele der Tragödie ist also der Mythos".

---

96 „Die reine Handlung, das ist die Idee des Dramatikers vor jeder ‚Geschichte', vor dem historischen Stoff und den erdachten Gestalten. Die reine Handlung ist entweder zwecklos oder überdimensional in der Einheit ihres Zwecks. Daran, daß einer die Welt zerstören könnte, war nie zu denken – aber es wäre der Grenzbegriff der reinen Handlung gewesen: auszulöschen, was ist, und dann zu warten, was wird" (so Hans Blumenberg in „Grenzfälle. Glossen zu Hebbels Diarium"; abgedruckt in Hans Blumenberg: Lebensthemen. Stuttgart: Reclam 1998, S. 50).

97 vgl. S. 37

Das griechische Wort **Mythos** entspricht freilich sehr genau dem lateinischen fabula: beide weit gespannt in ihrer Bedeutung von Gerede und Geschwätz über Gespräch bis hin zu Geschichte, Sage, Märchen (im Fall von fabula sogar bis zu Drama, Schauspiel). Während Mythos in den europäischen Sprachen heute altüberlieferte Götter- und Heldensagen meint, Mythologie die Gesamtheit der Mythen eines Volkes umfasst und deren Erforschung, wird Fabel (von fabula) in zwei poetologischen Bedeutungen gebraucht, die beide schon in der Antike entwickelt wurden: für die lehrhafte (Tier)erzählung (seit Aisop) und für den Handlungskern einer Dichtung, eines Dramas.[98]

Der Vellmarer Gruppe ging es um Theater. Dementsprechend übersetzte sie das Thema „Herkommen-Hingehören" gleich zu Beginn in konkrete **Figuren**. Diese schienen den Spielleitern die Möglichkeit zu bieten, die neu zusammengekommene Gruppe zum Spielen und dem Thema näher zu bringen.

Der Spielleiter Tobias Krechel berichtet von der ersten Probe: „ *Wir haben ... über den Modellversuch erzählt und zum Thema ‚Herkommen-Hingehören' hingeleitet. Dabei stellte sich heraus, daß uns bei diesen abstrakten Begriffen, sowie dem Begriff ‚Heimat' zunächst wenig Begeisterung oder Interesse aus der Gruppe entgegenschlug. Die Frage nach innerer/äußerer Heimat, Identität und Selbstverständnis in Familie/Freundeskreis und verändertem/sich veränderndem Europa löste gar nichts aus. Da wir das natürlich erwartet hatten und vorbereitet waren, versuchten wir dann über bekannte Figuren den Themenkreis greifbarer zu machen. Wir stellten den Arbeitstitel ‚Die tragische aber absolut wahre Geschichte von Michael Jackson, Christoph Kolumbus und Johann Faust' in den Raum. Wobei wir unterstellen, daß sich alle drei mit der Frage ‚Herkommen-Hingehören' in unterschiedlichster Weise auseinandersetzen müssen, bzw. es tun. Das Interesse wuchs. Die Diskussion wurde erstmal beendet, die Saat war gelegt.* "[99]

Die Probenarbeit begann also mit drei Figuren, die den Zugang zum Thema ermöglichen sollten. Schon in der ersten Probe gab es die Aufgabe:

▶ Texte **schreiben**: „ *Um den Einstieg zu erleichtern und persönliche Geschichten erstmal hintanzustellen, in der Hoffnung, daß die Teilnehmer von selbst merken, daß die Dinge etwas mit ihnen zu tun haben(?!), ließen wir Texte zu je einer der drei genannten Figuren erarbeiten. In zehn Minunten sollte jeder eine kurze Geschichte*

---

98 Fügen wir noch einige Aussagen von Gerhart Hauptmann hinzu (zitiert nach Streisand, Marianne: Intimität, München 2001, S. 188 f): „*Das moderne Drama entwickelt die Fabel folgerecht aus den Charakteren. ... Handlung im Drama: das Unwichtigste! das Gleichgültigste! das Undarstellbare. ... Die ‚Handlung' im Drama ist entweder eine innere oder ist nicht da. ... Auch jede Folge von Gedanken, jeder innere Kampf von Leidenschaften ist Handlung. ... Das Wort soll nicht die Handlung kommentieren, sondern die Handlungsleere*".

99 Zitate hier und im Folgenden aus unveröffentlichten Protokollen und Berichten der drei Spielleiter Henning Fritsch, Thomas Laue, Tobias Krechel.

schreiben zum Thema ‚Ein besonderes Ereignis im Leben von Kolumbus/Jackson/ Faust' " (TK, Protokoll 1. Probe).
▶ Texte vorlesen, dann szenisch umsetzen.
▶ Arbeit mit dem ersten Monolog aus Faust: „Habe nun ach ..." (2. Probe).
▶ Kurze Dialoge schreiben, in denen Faust auf Michael Jackson oder Kolumbus trifft.

Einer der Spielleiter resümiert **das methodische Vorgehen**: „*Wir haben sonst immer einfach drauf los gearbeitet, und als uns das erste Mal beim Modellversuch der Grundgedanke vorgegeben war, wir mußten uns mit dem Thema ‚Herkommen-Hingehören' beschäftigen, haben wir dann versucht, mit den Jugendlichen tatsächlich über den Inhalt zu arbeiten. Wir haben verschiedene Themenschwerpunkte gehabt, als Figuren Faust, Michael Jackson und Kolumbus gehabt, über die wir geguckt haben, wie kann man an das Thema heran kommen. Wir haben die Leute etwas schreiben lassen, haben szenische Improvisationen gemacht und so weiter. Dann haben wir ziemlich schnell festgestellt, daß das irgendwie nicht so richtig funktioniert, aber was ganz entscheidend war, daß trotzdem für die eigene Arbeit eine Sensibilisierung stattgefunden hat*" (TL in: Dörger, A.a.O. S. 98)

Ein Wechsel von Faust zur Figur des **König Ubu** (aus dem Stück von Alfred Jarry) brachte dann die eigentliche Initialzündung; daraufhin „funktionierte" es:
„*Nach verschiedenen thematischen Umwegen über Kolumbus, Faust, Jackson war die Frage nach dem Herkommen und dem Hingehören, zur Zufriedenheit aller Beteiligten, alsbald soweit gelöst, daß es ... losgehen konnte. Auf dem Plan stand nun König Ubu: ein Mann, abenteuerlustig wie Kolumbus, eitel wie Jackson und unzufrieden wie Faust. Ein Junge wie Du und ich, nur etwas härter*" (TK).

Ziel der Arbeit war jetzt nicht mehr eine Szenencollage, sondern die freie Bearbeitung eines bereits vorhandenen Theatertextes.
„*Wir sind dem Text in der Grundkonstellation (Vater und Mutter Ubu ermorden mit Hilfe von Hauptmann Bordure aus Machtgier den König) weitgehend gefolgt. Aber von diesem Moment an entwickelt sich die Geschichte vollkommen anders als der Originaltext sie vorgibt und wird so im Grunde genommen zu einer Eigenproduktion mit völlig neuem Text und Handlungsablauf. Mit dem Machtvakuum nach dem Ableben des Königs sind alle Spieler konfrontiert und versuchen es auf die verschiedensten Arten und Weisen für sich zu nutzen ... Leider endet die Komödie tragisch, da nach dem unglücklichen Ableben aller Ubu alleine zurückbleibt. Das Finale ist bitter: Ubu langweilt sich zu Tode*" (TL).

Entscheidend aber war für die Spielleiter zu „*versuchen, den Leuten erst einmal etwas über das* **Prinzip Theater** *beizubringen, um zu verstehen, wie funktioniert das, was heißt das eigentlich, Bühne? Aber nicht, indem wir die ganze Zeit darüber gesprochen haben, sondern dadurch, daß wir diese Erzählübungen gemacht haben ...*

Daß dann natürlich eine Geschichte erzählt wird, wo Theatermittel richtig und gekonnt eingesetzt werden, ist der erste Ausgangspunkt ... Also diese Frage, was ist zuerst da, der Inhalt oder die Form, würde erst einmal zugunsten der Form laufen, das heißt aber nicht, Form im Sinne von Formalismus, sondern von theatralen Mitteln ... Wenn wir sagen, wir bringen denen bei, was Theater heißt, heißt das nicht, wir bringen denen bei, was schauspielern heißt, sondern wir bringen denen bei, was spielen heißt und was Theatermittel sind, die man im Rahmen der Möglichkeiten einsetzen kann" (T.L. in: Dörger, a.a.O. S. 98 f).

Es geht also um Theater lernen beim Theatermachen; die Theaterproben sind zugleich eine Theatersehschule. Das Bühnenergebnis ist wichtig: es soll Theater sein, d.h. publikumsbezogen, für andere anschaubar. Daraus ergibt sich ein klarer Fokus, eine spezifische Didaktik der praktischen Arbeit. Das zeigt sich auch in der grafischen Wegbeschreibung (vergl. Kap. 28-30): der Spielleiter begann beim Ausfüllen der Grafik zunächst mit AUSBILDUNG, war damit aber nicht zufrieden; er machte einen zweiten Versuch, durch die einzelnen Stationen durchzufinden, und wählte als Ausgangspunkt SPIELER, setzte „Ausbildung" als Nr. 2.

D.h.: In dieser Theaterarbeit dient der Text (die Vorlage) den Spielern, sie wird ihnen untergeordnet; sie wird so verändert, dass sie den Spielern passt; sie hat keine Wichtigkeit „an sich".

Um den richtigen Ansatz (die richtige Vorlage) zu finden, werden den Spielern unterschiedliche Angebote (Inhalte, Figuren, Themen, Übungen) vorgelegt: Wo beißen sie an? was interessiert sie? was erscheint ihnen (und den Spielleitern) als geeignet? Inhalte werden dabei nur kurz abstrakt als Themen gegeben, zumeist jedoch als konkrete Figuren (zunächst Kolumbus/Faust/Jackson, dann Ubu).

Nachdem mit dem Stück von Jarry der Ansatzpunkt für die eigentliche Arbeit gefunden ist, konkretisieren sich Rollen und Raum über vielfache Improvisationen; dabei entsteht ein neues Stück, ein zweiter Text – er kann (wie in diesem Fall) noch einiges mit dem ursprünglichen Text gemein haben, er kann sich weit davon entfernen: Entscheidend für die Gestaltung ist, was die Spieler können, noch lernen sollen/wollen, noch lernen können.

Aus der zweiten, genaueren, genauer auf die Spieler und ihre vorhandenen und zu entwickelnden Möglichkeiten zugeschnittenen Vorlage folgen dann erst die theatralen Mittel (Requisit, Kostüm usw.) und der eigentliche Inhalt des Stücks (sein Problem, seine Handlungsführung usw.), wie es von der Gruppe gespielt wird (bzw.: Der Inhalt und seine Problematik werden erst im Lauf des Spielens entdeckt, s.u.).

Vielleicht sollte noch hinzugefügt werden, dass die Vellmarer sehr bewusst zu dem gut geeigneten „König Ubu" von Alfred Jarry gegriffen hatten. Das interessante Stück ist locker gebaut, hat keine zwingenden Verknüpfungen zwischen den einzelnen Szenen, keine ausgetüftelte Intrige, keine diffizile Rollenpsychologie, dafür aber handfeste Aktionen. Es ist grob gestrickt; es kann auch grob behandelt werden.

Fassen wir zusammen: Thema dieser Theaterarbeit ist Theater; die mehrfach angesetzte Suche nach dem Gruppe (und Spielleiter!) wirklich interessierenden Schwerpunkt führt zu dem formalen Schwerpunkt ,Theaterspielen'. Freilich entwickelt „das Stück" dann auch seinen „Eigensinn". Oder, anders formuliert: ein Publikum hat das Recht, auch anderes in der Aufführung zu sehen als von den Spielern bewusst intendiert. So entdeckt die Gruppe, nachträglich, bei Theatertreffen und Diskussionen, in weiteren Aufführungen auch Inhalte/Probleme/politische Aussagen (z.b.: Macht als Lebensziel ist eine Illusion, sie führt Köng Ubb in Einsamkeit und Tod).

Dagegen reflektieren die Spielleiter in ihrem Resümee vor allem methodische Einsichten: *„Der Modellversuch hat bei uns zu einer verstärkten Selbstreflexion geführt und als Ergebnis vor allem die Bewußtwerdung und Benennung der eigenen Arbeitsweise zur Folge. Hierbei stand weniger die Auseinandersetzung mit dem Thema ,Herkommen-Hingehören' im Vordergrund, als vielmehr die Suche nach einer möglichen Form von Jugendtheater, die sowohl die spielerischen Möglichkeiten der Teilnehmer, als auch deren Wünsche in inhaltlicher Hinsicht berücksichtigt, dabei aber nie die Notwendigkeit eines ansprechenden Ergebnisses aus den Augen verliert.*

Die theaterPÄDAGOGISCHEN Ziele lassen sich etwa so zusammenfassen:
1) Erleben des eigenen ,Ich' im Spielraum Bühne vor Publikum
2) Erfahren einer verantwortungsvollen Rolle im Rahmen der Gruppe
3) Kennenlernen von Handwerk und Ästhetik der Kunstform Theater
4) mögliche Orientierung am Wesen der Spielleiter, die ein Beispiel geben für Verspieltheit trotz ernsthafter Arbeit, Leidenschaft für eine Sache, Teamgeist und Selbstironie.

Wichtig war für uns dabei immer ..., daß niemand in der Gruppe das Gefühl hat, seine oder ihre Leistungen hier würden sie für eine Karriere im Beruf ,Theater' prädestinieren. Sicherlich gibt es bei einzelnen Tendenzen und Überlegungen, die in diese Richtung gehen, aber die Spielleiter[100] *wußten immer genug Desillusionierendes zu berichten, um dem naiven Glauben vorzubeugen, wer hier im Jugendtheater mit einem gewissen Erfolg spiele, könne auch den Beruf ergreifen"* (wahrscheinlich TL).

Noch einmal ganz deutlich: *„Nicht das Vermitteln einer politischen Botschaft steht im Vordergrund der Arbeit, sondern die Selbstreflexion und das Beobachtenlernen über die Mittel des Theaters"* (TL?, Bericht über das Berliner Theatertreffen der Jugend[101]).

So ähnlich argumentierten auch die SpielerInnen aus Vellmar, als in der Berliner Diskussion *„die Frage nach dem so genannten ,politischen Hintergrund' auftauchte. Die Jugendlichen versuchten deutlich zu machen, daß es ihnen nicht so sehr darum*

---

100 Die Spielleiter waren Regieassistenten im professionellen Theater.
101 „Köng Ubb" war zum Theatertreffen der Jugend in Berlin eingeladen.

gegangen sei, ein politisches Stück zu machen, sondern in erster Linie darum, Theater mit Comedymitteln zu zeigen und sich mit ihren theatralen Mitteln auszuprobieren: ‚Wir wollten Theaterspielen'. ... Die Frage nach dem politischen Hintergrund des ‚Köng Ubb' und nach dem damit verbundenen politischen Bewußtsein der Jugendlichen wurde auch in der Spielleiterrunde am folgenden Tag erneut gestellt" (TL?, a.a.O.). Mit Recht, denke ich, denn:

Auch was nicht intendiert oder fokussiert wurde, stellt sich bei einer Aufführung ein, weil, wie ich meine, Theater nicht anders sein kann als „ganzheitlich" – und weil Zuschauer mit ihren je eigenen Augen sehen, mit ihren Erfahrungen und Wünschen interpretieren (zu der wichtigen Rolle des Publikums vergl. Kap. 34). Sie dürfen also auch dann ein Thema entdecken, wenn thematische Arbeit die Gruppe nicht interessierte.

Noch einmal: es ist legitim, sich bei der Theaterarbeit für einen klaren Schwerpunkt zu entscheiden; es ist jedoch wichtig, zwischendurch zu überprüfen, zu analysieren, was außer dem eigenen Fokus noch alles in der eigenen Arbeit sichtbar geworden ist.

33. WORKSHOP: PROBEN ORGANISIEREN (BEISPIEL 10)
„Erotische Geschichten aus 1001 Nacht"
(Faustkids, Hessische Jugendbildungsstätte Dietzenbach)

Workshops sind ein allseits akzeptiertes, vielfach genutztes Arbeitsinstrument des professionellen wie des Amateur-Theaters[102]. Auch die Gruppen des Modellversuchs machen vielfach Workshops (oder Probenlager) während ihrer Theaterarbeit, um das Thema zu finden, die improvisierten Szenen zu montieren, die Gruppe zu integrieren. Die Faustkids dagegen treffen sich nur in ihrem Theaterworkshop in der Jugendbildungsstätte Dietzenbach und zu Aufführungen, sonst selten oder gar nicht, sie konzentrieren also ihre Arbeit auf Kompakttermine.

Die Gruppe entstand im Jahre 1993/94, als der Regisseur Willy Praml zur 1200-Jahr-Feier der Stadt Frankfurt am Main Faust I und II inszenierte. Bei diesem Großprojekt mit ca. 200 Schauspielern, Musikern und Statisten wirkten auch Kinder und Jugendliche mit, die dann als „Faustkids" zusammenblieben.

Das Projekt 1001 Nacht begann mit einer **Beobachtung**: Bei den Erich-Kästner-Tagen in Dresden im Februar 1996, an denen die Faustkids teilnahmen, *„kannte die Gruppe der Jugendlichen nur ein Thema, dem sie sich voller Hingabe widmeten: Ge-*

---

102 Für Richard Schechner ist Theater ein *„siebenteiliger Prozeß von Training, Workshops, regulären Proben, dem warm-up, der Vorstellung, dem Ausklingen und dem Nachbereitung"* (Theateranthropologie. Spiel und Ritual im Kulturvergleich. rororo 1990, S. 26)

spräche über Sex, Fragen des Verliebtseins, der Anziehung und Abstoßung der Vertreter des jeweils anderen Geschlechts. ... Ein zufällig mitgenommenes Buch von Erzählungen aus 1001 Nacht tat ein übriges. Die Überlegung, mit Hilfe einzelner Geschichten aus diesem Buch für jeden einzelnen der Gruppe eine Rolle zu finden sowie gleichzeitig Fragen der Liebe und Erotik einzubinden, gab den Ausschlag für die Verfahrensweise, die Erzählungen als Szenen mit einer Rahmenhandlung zu versehen. Auf diese Weise konnten 20 Rollen besetzt werden" [103]. Im Interview erklärt Willy Praml, warum sie zu dem *„Episodenstoff",* den *„erotischen Geschichten aus 1001 Nacht"* griffen: *„Klar, die meisten Mädchen und Jungen sind im Umbruch. Sexualität, Liebe, Begegnung, Phantasie, Träume und so, das ist der Inhalt des ganzen Lebens"* (Dörger a.a.O. S. 85).

Die spezifische **Workshop-Dramaturgie** der Faustkids wird im Folgenden genauer charakterisiert: *„Kennzeichen der Dietzenbacher Theaterarbeit ist unter anderem die Bewältigung einer Inszenierung innerhalb einer Woche. In der Hessischen Jugendbildungsstätte ist es möglich, gleichsam unter Laborbedingungen ein Experiment durchzuführen, indem alle Einflüsse von außen weitgehend ausgeschaltet werden. Ziel ist die Aufführung. ...*

Die **Vorgehensweise***, die eine solche Arbeit ermöglicht: Wir baten die Jugendlichen, uns eine Auswahl an Geschichten* (aus 1001 Nacht) *zuzusenden, die ihnen zugesagt haben. Der Rücklauf war in diesem Falle nicht besonders hoch, was auch damit zusammenhängt, daß die Jugendlichen außerhalb des Workshops sehr viel mit anderen Dingen beschäftigt sind. Das Theater wird für sie erst konkret, sobald sie in Dietzenbach ankommen.*

Zwei Wochen vor dem Beginn des Workshops wurden vom Team (der erwachsenen Mitarbeiter) *die einzelnen Geschichten ausgewählt, und zwar unter zwei Gesichtspunkten:*

a) dass die Interessen, Fähigkeiten und Besonderheiten der jungen DarstellerInnen weitgehend berücksichtigt sind,

b) und sie sich in den ästhetisch -konzeptionellen Gesamtrahmen einfügen.

Gleichzeitig erfolgte die Erstellung des Bühnenbildes. Wie im professionellen Theaterbetrieb erfolgt die Absprache unter den Gesichtspunkten von Regie und Dramaturgie. ...

Um eine neue und überraschende, gleichwohl vom Stoff her motivierte Note in die Inszenierung einzubeziehen (wurde den Kids während des Workshops) *Bauchtanz als körperliche Ausdrucksform vermittelt."*

Weil zu Beginn des Workshops *„das Bühnenbild bereits aufgebaut war, ... konnte ein Einstieg in die* **Szenenarbeit** *sehr rasch erfolgen. Wie von der Dramaturgie vorge-*

---

103 Zitate hier und im Folgenden aus Berichten von Willy Praml und der Koordinatorin Ruth
    Schröfel.

geben, wurden die Szenen mit den Akteuren und den Anwesenden besprochen und durchgestellt. "

Die kompakte Arbeitsweise der Faustkids beruht also auf zwei **Voraussetzungen**:
- der Abschirmung (*„Einflüsse von außen weitgehend ausgeschaltet"*) in der Jugendbildungsstätte mit ihren vorzüglichen Ressourcen (*„Bühnenbild bereits aufgebaut"*);
- der intensiven Vorbereitung durch ein professionelles Team (Regie, Dramaturgie, Bühnenbild usw.).

Das **Thema** „Herkommen-Hingehören" wurde in die Arbeit mit einbezogen; ähnlich wie Wake up mit dem Wechsel vom Jugendlichen zum Erwachsenen wurde das „Hingehören" (Neugier auf Sexualität, zum Jugendlichen werden) spielerisch vorweggenommen und untersucht. Das Thema von Modellversuch und Inszenierung hatte also für Ruth Schröfel *„unmittelbar mit der Lebenswirklichkeit der Kinder (oder Heranwachsenden) zu tun. Nicht, weil sie aus dem arabischen Kulturkreis kämen, sondern aufgrund der Verknüpfung mit ihrem Status als Heranwachsende, die sich auf der Suche nach ihrem eigenen Ort befinden. Verhalten und Einstellungen zu Fragen wie Freundschaften, Abgrenzung und Neubestimmung, das Ich und die Gruppe und natürlich Fragen der Sexualität spielen eine zentrale Rolle in dieser Phase der Persönlichkeitsentwicklung."*

34. ZUSCHAUEN ALS VERGLEICHEN (BEISPIEL 11)

„Meine Schuhe zieh' ich aus. Zur Ökonomie des Abendmahls"
(Spielschar Ostthüringen der Evangelischen Kirche Altenburg)

Die Spielschar Ostthüringen machte mit „ihrem" **Publikum** zwei sehr unterschiedliche Erfahrungen. Ehe ich diese beschreibe und interpretiere, einige allgemeine Vorüberlegungen zum Zuschauer, zur Kunst des Vergleichens und zu unterschiedlichen Dimensionen von Theater:

1. Amateurtheater, Zielgruppentheater, Kinder- und Jugendtheater – jeder dieser Begriffe umfasst unterschiedliche **Dimensionen**, umreißt ein Feld voller ästhetischer, inhaltlicher UND pädagogischer Entscheidungen (das gilt für das „große" professionelle Theater genau so – nur wird es da bisher wenig akzeptiert und gesehen).
   Vor diesen pädagogischen wie inhaltlich-ästhetischen Entscheidungen stehen sowohl die Macher wie die Rezipienten – Autoren, Regisseure und Schauspieler also genauso wie die Zuschauer. Viele dieser Entscheidungen fallen jedoch unbewusst, stellen sich gleichsam naturwüchsig her. Es sind nichtsdestoweniger offene Entscheidungen – und wer will, und das kann, der kann zumindest als Zu-

schauer während der Aufführung seine Entscheidungen mehrfach revidieren, kann sowohl „pädagogisch" wie auch „ästhetisch" sehen oder sich „nur" am Inhalt erfreuen, kann während EINER Aufführung abwechselnd mit unterschiedlichen Brillen auf das Bühnengeschehen schauen[104].

2. Es gibt also unterschiedliche Arten des Zuschauens. Der **naive Zuschauer**, in der Gegenwart lebend, sieht die Aufführung als das, „was sie ist"; im Extremfall wird er sie nicht einmal als Theater ansehen, sondern als einen Teil von Realität. Je mehr er von der Aufführung emotional „gefangen" wird, umso weniger wird er dazu neigen, sie kritisch mit etwas zu vergleichen, was er aus anderen Zusammenhängen kennt.
Der **kalte Zuschauer** (Brecht) ist dagegen fähig zum Vergleichen; je distanzierter er schaut, umso mehr. Vergleichen heißt, im Geiste neben der Bühnenhandlung auch noch anderes (Mehrfaches, Vielfaches) sehen, dabei Gemeinsamkeiten, Unterschiede feststellen, also kritisieren im Sinne von scheiden, unterscheiden. Dabei zeichnen sich insbesondere „Kenner" aus (Connaisseurs, Habitués); denn:

3. Für dieses Unterscheiden sind **Kenntnisse** wichtig; vergleichen kann ich immer nur mit dem, was ich KENNE; daraus entwickle ich meine Vergleichsmaßstäbe.
Ich kann also beim Zuschauen reflektieren auf
      meine Alltagsprobleme,
      meine Lebensumstände,
      auf gesellschaftliche Probleme der Gegenwart ...;
oder auf   andere Werke des Autors,
      andere Inszenierungen des Regisseurs,
      andere Rollen des Schauspielers,
      den Schauspieler als Person ...;
oder auf   Kostüme, Frauenkörper, spezifische Lichtverhältnisse,
      Reaktionen des Publikums, die Akustik des Raums usw.

Beim Vergleichen begebe ich mich also in sehr unterschiedliche „Welten", manchmal in gegensätzliche Bezugssysteme; ich muss auch nicht in einem System verharren, sondern kann während der Aufführung meine **Einstellung** (meine Position) mehrfach wechseln: mich in das Stück hineinziehen lassen,
      mich aus dem Stück zurückziehen,
      mich in bestimmte Themen, Überlegungen verwickeln (lassen),
      im Programmheft lesen,
      mit der Nachbarin flirten ...

---

104 Sicherlich kann (sollte und muss!) auch der Spielleiter mit unterschiedlichen Brillen auf Bühnen- und Probengeschehen schauen: „pädagogisch", inhaltlich, ökonomisch ...

Dabei wird mich auch die allgemeine Stimmung des Publikums affizieren; was sich als „Atmosphäre" im Zuschauerraum ausbreitet, lässt mich nicht unbeeinflusst, zieht mich meist in diese Atmosphäre mit hinein. Deshalb ist es nicht ganz falsch, wenn wir die Besucher einer Aufführung als DAS Publikum und nicht als viele einzelne (!) Zuschauer bezeichnen[105].

Die Einstellung, die der Zuschauer oder die Zuschauer insgesamt schließlich einnehmen, lässt sich als eine Resultante beschreiben aus
Mitspiel-(Aufnahme-)bereitschaft (Engagement und Interesse),
Vorerfahrungen und Vorerlebnissen des Publikums
UND Suggestivkraft/Qualität/Inhalt/Form der Aufführung
(bzw. einzelner Elemente der Aufführung).

Weil zumindest einer der beiden Hauptfaktoren NICHT konstant ist, lassen sich häufig durchaus unterschiedliche Reaktionen auf ein und dieselbe Inszenierung beobachten.

Besonders eindrucksvoll wurden disparate **Positionen des Publikums** bei der Aufführung der Spielschar Ostthüringen. Sie zeigte als *„Klang- und Bewegungstheater"* eine *„Auseinandersetzung mit den Texten zur Fußwaschung und zum Abendmahl"* (Joh.13, Mark.14). *„Wir zeigen nicht das Abendmahl, es ist auf Tausenden von Gemälden zu sehen. Wir zeigen unsere innere Haltung zu diesem christlichen Sakrament. Wir zeigen, was Abendmahl für uns bedeutet"* (Zitate aus dem Programmheft der Gruppe). Eine Aufführung also zwischen Gottesdienst und Tanztheater. Sie traf auf zwei unterschiedliche Publikums-Reaktionen, basierend auf unterschiedlichen Einstellungen und Erwartungen, die ich im folgenden kurz umreiße[106] und interpretiere; dabei soll deutlich werden, wie die weitgehend unveränderte Inszenierung einem signifikant unterschiedlichen Raster, Bedeutungsgefüge, Referenzpunkt, Erwartungshorizont zugeordnet oder unterworfen wurde und deshalb bei der einen Gruppe Nachdenken, bei der anderen mitleidiges Kopfschütteln hervorrief.

---

105 Wichtig in diesem Zusammenhang die Zusammensetzung des Publikums: homogen, aus einer Altersgruppe, einer Schicht, einem Bekanntenkreis; gemischt aus zwei oder mehr unterschiedlichen Gruppen; zufällig zusammengewürfelt; Festivalteilnehmer ...

106 Die nachfolgende Darstellung beruht auf Beobachtungen während des Modellversuchs; sie stützt sich also auf empirische Fakten (eine Aufführung während des Modellversuchs im Refektorium der Erfurter Predigerkirche, in dem auch Gottesdienste stattfinden; im Publikum die TeilnehmerInnen des Modellversuchs; eine zweite Aufführung in einer Gemeinde in Gera vor Gemeindemitgliedern). Der Deutlichkeit wegen sind die Reaktionen hier zu zwei Extrempositionen vereinfacht.

Ich beschreibe zunächst den Vorgang. Die Aufführung findet in einer Kirche statt; getanzt wird vor dem Altar.

Die einen Besucher sind **Gemeindemitglieder.**	Die anderen Besucher sind **Theatermacher.**
Sie sagen:	Sie sagen:
Das Geschehen vollzieht sich im Raum der Kirche.	Das Stück wird in einem Kirchenraum gespielt.
Ihr **Referenzpunkt** ist **Kirche** (Abendmahl);	Ihr **Referenzpunkt** ist **Tanztheater** (Kresnik, Bausch);
diese Vorstellungen sind vertraut.	deren Aufführungen sind vertraut.
Tanztheater ist nicht oder wenig bekannt.	Kirche/Abendmahl sind nicht oder wenig relevant.

Die Aufführung konfrontiert

den Gottesdienstbesucher mit unbekannten Bildern, ungewohnten Bewegungen. Sie sind aufschlussreich, ja frappierend, vielleicht auch brüskierend in Bezug auf Abendmahl und Kirche. Der Bezug auf Pina Bausch interessiert nicht.	den Tanztheaterbesucher mit bekannten Bildern, oft (besser!) gesehenen Bewegungen. Sie sind hölzern, ungeschickt in Bezug auf Pina Bausch; wenig aussagekräftig in Bezug auf Probleme der Gegenwart. Der Bezug auf Abendmahl/Kirche interessiert nicht.

Für den Gottesdienstbesucher, so können wir zusammenfassen, erhielt der vertraute und bedeutungsvolle Vorgang des Abendmahls (der Fußwaschung) eine neue Gestalt; diese neue Gestalt erregte zumindest Aufmerksamkeit, wenn nicht Anteilnahme; das „Klang- und Bewegungstheater" der Gruppe partizipierte an der (für dieses Publikum vorhandenen) Bedeutungsfülle des Grundvorgangs.

Für den Tanztheaterbesucher erweckte die Ankündigung „Bewegungstheater" Erwartungen und mobilisierte Vergleiche, denen die gezeigten Bewegungen nicht genügen konnten. Er fühlte sich sehr schnell deplatziert im eigentlichen Sinne des Wortes und fand kein Interesse darin, das Gezeigte mit Abendmahl/Gottesdienst zu verbinden[107].

---

107 Ähnlich wäre es wahrscheinlich einer Gruppe von Jeunesses Musicales, die sich z.B. an Cage orientieren, mit der Ankündigung „Klangtheater" gegangen.

G

SPIELLEITER / SPIELLEITERIN

EINE ZUSAMMENFASSUNG

Theorie und Erfahrung (Theorie und Phänomen)
stehen gegeneinander in beständigem Konflikt.
Alle Vereinigung in der Reflexion ist eine Täu-
schung; nur durch Handeln können sie vereinigt
werden.

Goethe, Maximen und Reflexionen 1231

35. Aufgaben der Spielleitung

Die Erarbeitung einer Aufführung, das dürfte klar geworden sein, ist ein umfangreiches, kompliziertes Vorhaben, das sich immer nur in Teilschritten realisieren lässt. Aufgabe des Spielleiters ist es vor allem,

- den Überblick über den Stand der Arbeit zu behalten (und immer wieder auch an seine Spieler zu vermitteln),
- den SpielerInnen die Teilschritte und deren Zusammenhang mit dem Gesamtprojekt zu verdeutlichen,
- die Teilschritte immer wieder reizvoll, interessant zu machen, damit die Spielerinnen sich mit Lust auf ihre Teilaufgaben konzentrieren können,
- die Spannung zwischen Gruppe, (intendiertem) Publikum und (projektierter) Aufführung immer wieder neu auszubalancieren und die Notwendigkeiten und Möglichkeiten dieses Ausgleichs den SpielerInnen einsichtig zu machen und, vor allem,
- Fragen, Ideen, Vorschläge, Antworten, Einfälle der SpielerInnen zu provozieren, aufzugreifen und nach Möglichkeit in den weiteren Arbeitsverlauf zu integrieren.

SchülerInnen und SpielerInnen sollten zudem in der und durch die praktische Arbeit nicht nur ihren eigenen Beitrag, sondern auch den Gesamtaufbau eines Theaterprojekts erfahren; sie sollten wie bei anderen Projekten die Entwicklung von der Planung bis zur Realisierung auch VERSTEHEN lernen. Das gilt insbesondere für den hier behandelten, eher intellektuellen Teil-Bereich des Theaters, also für die Aufgaben und Probleme, die sich bei der Arbeit an Thema und Konzept einer Aufführung stellen. Förderlich für das Verständnis sollten auch die hier vielfach vorgenommenen terminologischen Klärungen und Erläuterungen sein.

Dabei darf freilich nicht vergessen werden: Theater ist (auch) ein (riskantes, intuitives) Spiel; es ist auch Rausch und ungehemmtes Sich-Verlieren; es ist Lust am Loslassen und am Anders-Sein in Maske, Rolle, Verkleidung; es ist immer wieder neue Überraschung durch Lösungen, die sich „ganz zufällig" ergeben[108]. Planung und rationale Kontrolle sind also nur ein Teil von Theater – oft eher auf Seiten des Spielleiters; Lust und ungehemmtes Erspielen sind ein anderer Teil – häufiger auf Seiten der Gruppe. Aber die „zufälligen" Ergebnisse müssen erkannt, müssen bewertet und eingeordnet, wo nicht erklärt werden.

---

108 R. Caillois nennt vier Kennzeichen von Spiel: Agon – Wettkampf, Alea – Chance (oder Zufall!), Mimicry – Verkleidung, Ilinx – Rausch (Die Spiele und die Menschen. Maske und Rausch, München o.J. , Paris 1958).

Die Fülle der Aufgaben des Spielleiters, zu denen schließlich auch Durchführung und Organisation der Aufführung(en) wie ihre Nachbereitung gehören, wurde hier zunächst mit deutlichem Bezug auf die SpielerInnen formuliert; sie sind schließlich die zentralen Subjekte, sind Ausgangspunkt und Ziel theaterpädagogischer Arbeit. Von den Anforderungen an die Inszenierung her lassen sich die Aufgaben abstrakter formulieren und systematisieren.

Die Aufgaben des Spielleiters/der Spielleiterin sind:

- **pädagogisch-psychosozial** während der gesamten Projektzeit (Gruppenbildung; Aufbau eines spielerischen Arbeitsklimas[109]; Bewahrung dieses Klimas bis zum Abschluss der gemeinsamen Arbeit),

- **intellektuell-künstlerisch** vor allem am Anfang (Stückanalyse, Konzeptentwicklung); zur gleichen Zeit

- **pädagogisch-künstlerisch** (Auswahl eines Stücks/eines Themas mit der Gruppe, Heranführen der Gruppe an das Stück, Vermittlung der Analyse des Stücks AN die Gruppe bzw. Erarbeitung der Analyse MIT der Gruppe, Vermittlung des Regiekonzepts AN die Gruppe bzw. Erarbeitung des Regiekonzepts MIT der Gruppe, Aufbau und Entwicklung der Spielfähigkeiten der Gruppe). Die Aufgaben werden im weiteren Verlauf deutlicher

- **künstlerisch-pädagogisch** (Heranführung der SpielerInnen an ihre Rollen/ihre Aufgaben; Komposition der Aufführung[110]). Sie sind während des ganzen Projekts

- **administrativ-organisatorisch** (Planung Finanzplanung, Auswahl der Mitarbeiter, Koordination, Organisation der Proben und der Aufführungen, Werbung, Abrechnung – hierzu siehe die Zusammenstellung „Planung und Organisation" im Anhang).

All dieses Aufgaben sind, das dürfte klar geworden sein, kein simples Nacheinander, Punkt für Punkt zu „erledigen" und „abzuhaken", sondern sind, einander vielfach bedingend, dialogisch miteinander verbunden.

---

109 Zu Klima und Atmosphäre vergl. LAG-Materialien 33: Bis auf weiteres … 'freundlich'. Atmosphärisches aus Theater und Pädagogik. Hg.: Ulrike Hentschel, Ula Korn, Hans-Wolfgang Nickel, Berlin 1994.- Zum Grundverhältnis SpielerInnen-Spielleiter (Lehrerin-SchülerInnen) vergl. die bemerkenswerte, empirisch abgestützte Dissertation von Antonios Lenakakis: Paedagogus ludens. Erweiterte Handlungskompetenz von Lehrer(inne)n durch Spiel- und Theaterpädagogik, Schibri 2004.–

110 Vergl. Fußnote 1

36. DIE BALANCE DER TÄTIGKEITEN

Regie ist zu beschreiben als Dialog zwischen der Spielleiterin und ihren SpielerInnen, als ein ständiger Austausch-Prozess. In der Aufführung tritt mit dem Publikum ein neuer Dialogpartner auf. Bis dahin ist (neben der Gruppe) der Spielleiter die einzige Rückkoppelung für den Spieler; das zeigt, wie wichtig er als Stütze und Halt, als Helfer und Wegweiser, als Anreger und Spielbegleiter ist.

Aber auch die einzelnen Tätigkeiten der Spielgruppe bei der Erarbeitung einer Aufführung sind ähnlich dialoghaft miteinander verbunden. Nur ausnahmsweise folgen sie „ordentlich" aufeinander (vgl. Grafik 15): von der Lektüre (oder dem Schreiben) eines Textes (1) über das Nachdenken (2) und einen ersten Einfall (3) zu einem Konzept (4), das improvisierend überprüft, dann ausgearbeitet und schließlich aufgeführt wird – nicht zu vergessen die dafür notwendige Organisation der Aufführung.

Grafik 15

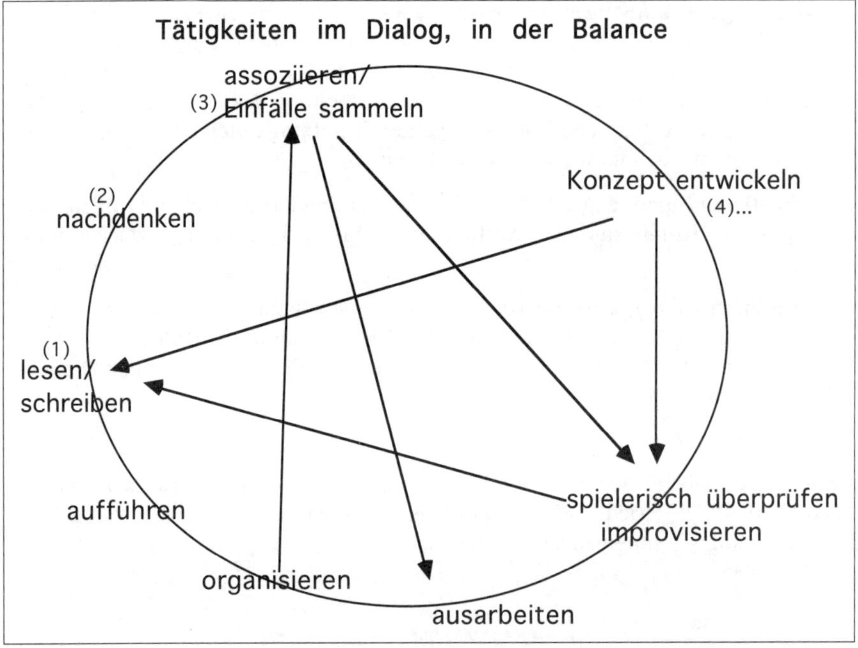

Tätigkeiten im Dialog, in der Balance

So gut wie immer aber ist der Entwicklungsweg anders als der einfache **Kreislauf**: ein Einfall wird ausgearbeitet, ohne dass die Gesamtform schon geklärt ist; ein Konzept ist da, zu dem noch ein Text fehlt; jemand organisiert eine Aufführung bevor überhaupt feststeht, wer was spielen soll; in einer Improvisation ergibt sich ein Thema oder eine spannende Situation, die dann zu einem eigenen Stück entwickelt wird

oder zur Suche nach einem passenden Stück führt ... Viele Reihenfolgen sind also
möglich; wichtig ist immer, dass alle Arbeitsschritte bedacht, durchgeführt und in
eine dialogische Struktur gebracht werden, dass sie also aufeinander einwirken, sich
gegenseitig bedingen, zu einer Balance finden, die weder im Nachdenken versackt
noch sich im bloßen spielerischen Tun erschöpft, die also „das Tun am Denken, das
Denken am Tun zu prüfen" versteht[111].

In den Beispielen vor allem der Teile D (Thema) und E (Wege) wurde deutlich, wie
unterschiedlich sich Theaterprojekte entwickeln; kaum jemals gab es einfache Stationen, die nacheinander angesteuert werden konnten; so gut wie immer ging es auch
um einen „Dialog" der Tätigkeiten, um ein reizvolles, aber komplexes Bedingungs-
gefüge der beteiligten Komponenten/Faktoren.

Wenn schon die einzelnen Tätigkeiten beim Theatermachen notwendig in einem dia-
logischen Verhältnis zueinander stehen, dann gilt das umso mehr für die Zusammenarbeit zwischen Spielleiter und SpielerInnen. Der dialoghafte Charakter ihres Verhältnisses bestimmt auch den **Regiestil**.
    Sein Grundduktus muss **sozial-integrativ** sein und darf nur zeitweilig autoritär
oder laissez-faire werden.
    Eine **laissez-faire-Phase** kann günstig sein, soweit sie frei setzt (Verantwortung
überträgt, Spielräume eröffnet); sie wird kontraproduktiv, sobald sie Angst macht, zur
Flucht aus den Aufgaben in die reine Herumspiel-Lust führt, ein allgemeines Geran-
gel um Dominanz eröffnet.
    Ein befristetes **autoritäres Verhalten** des Spielleiters kann Sicherheit geben, un-
nötige, gefährliche Umwege ersparen, Auseinandersetzungen in der Gruppe eindäm-
men (beenden?); es wird disfunktional, sobald es die Gruppe erdrückt, Spiellust,
Kreativität, Eigenverantwortung hemmt oder erstickt.
    Dabei sollte jede Spielleiterin, jeder Spielleiter neugierig sein, welcher Regiestil
für sie/für ihn selbst wie für die Gruppe und die jeweilige Spielphase angemessen und
richtig ist. Das bezieht sich auch auf die Art der Vorbereitung.
    Bei einem eher **konzeptionell** bestimmten Spielleiter *„hat die Regie einen festen
Vorentwurf bei der Hand, durch den sie wesentliche Grundlagen der Inszenierung bestimmt. Neben dem Raumkonzept, Kostümvorschlägen etc. bringt sie auch Vorstellungen für die Ausarbeitung der Charaktere und deren Verhalten mit ...* (Bei der **situati-
ven** Regieführung) *wird durch das Raumkonzept und evtl. verschiedene Spielobjekte
und Requisiten eine spielanregende Situation vorgegeben, in der die Schauspieler die
einzelnen Charaktere und deren Verhalten im Zusammenspiel untersuchend ausarbei-*

---

111 So Goethe: „*Wer sich nun zum Gesetz macht, was einem jeden Neugebornen der Genius des
    Menschenverstandes heimlich ins Ohr flüstert, das Tun am Denken, das Denken am Tun zu prü-
    fen, der kann nicht irren, und irrt er, so wird er sich bald auf den rechten Weg zurückfinden*"
    (Wanderjahre II,9). Vergl. auch: „*Handeln ist leicht, Denken schwer; nach dem Gedanken han-
    deln unbequem*" und „*Der Geist, aus dem wir handeln, ist das Höchste*" (Lehrjahre VII, 9).

ten. Die Regie läßt sich in starkem Maße auf die Vorschläge der Schauspieler ein" (Rudi Müller-Poland[112]). Konzeptionelle Regieführung verleiht (dem Spielleiter!) Sicherheit; situative Regieführung erfordert größere Spontaneität – eine Frage von Temperament und Arbeitseinstellung. Optimal ist die Fähigkeit, je nach Arbeitsphase und aktueller Situation den Regiestil zu variieren (vergl. dazu auch die Grafiken 13 und 14).

Mit diesen Überlegungen sind wir übergegangen von den **ersten Aufgaben** der Spielleiterin, von

Lektüre und Konzept (Hinführung der Gruppe zum Stück, Erarbeitung des Konzepts in der/mit der Gruppe) bzw. von der

Arbeit am Thema (Themenfindung, Themenerarbeitung, Konkretisierung des Themas in einer Stoffsammlung mit Figuren, Situationen, Szenen, die dann noch zu einem Stück zusammengebaut werden müssen – oder der Suche nach einem dem Thema entsprechenden Stück[113])

zu einem **zweiten** wichtigen Aufgabenkomplex,

der **Hinführung zu Rolle und Aufführung**.

Bleibt noch zu wiederholen, dass die eigentliche Begleitung jedes Spielers und jeder Spielerin in ihre jeweiligen Rollen hinein und die Formung der Aufführung für ein Publikum zwar in den einzelnen Beispielen immer wieder zur Sprache kamen, jedoch NICHT Thema dieser Veröffentlichung waren und deshalb auch NICHT umfassend oder gar systematisch dargestellt wurden. Diese wichtigen weiteren Aufgaben bleiben einer anderen Publikation vorbehalten[114].

---

112 In: H. Giffei (Hg.): Theater machen. Ein Handbuch für die Amateur- und Schulbühne. Ravensburg: Otto Maier 1982, S. 257

113 Sobald ein solches (auch selbst geschriebenes) Stück vorliegt, geht es wieder um „Lektüre und Konzept" (s.o.).

114 Vergl. Fußnote 1

ANHANG: PLANUNG UND ORGANISATION

Organisation und Planung sind Aufgaben, die den Spielleiter während seiner gesamten Arbeit kontinuierlich begleiten: von der Planung einer einzelnen Übungssequenz und der Organisation des Schlüssels für den Probenraum bis zur Finanzplanung und organisatorischen Projektsicherung.

Das gilt insbesondere dann, wenn SpielleiterInnen eigene Projekte entwickeln, für die ein Träger noch zu finden ist. Deshalb sind Fragen von Organisation und Planung im Lauf der letzten Jahre immer wichtiger geworden: für Freie Gruppen und die frei arbeitenden Spiel- und Theaterpädagogen, aber auch für Lehrer und Lehrerinnen, die sich keinesfalls mehr darauf verlassen können, dass für Finanzierung und Organisation ihrer Theaterarbeit selbstverständlich gesorgt ist.

Weil diese „betriebswirtschaftlichen" Probleme weit gehend rational bestimmt sind, sind sie im folgenden nahezu ohne erläuternden Text in Schaubildern zusammengefasst (**Grafiken 16a- 16 e**); diese können als Leitfaden für die Planung dienen und geben zumindest Hinweise auf besonders problematische Positionen.

Die Planung geht entweder aus von einem mehr oder weniger präzisen Auftrag: Das setzt einen Auftraggeber und normalerweise eine Finanzierung voraus (Ablauf 1). Oder die Planung geht aus von einer Idee des Spielpädagogen: Dann muss zumeist noch nach einem Auftraggeber bzw. einer Finanzierung gesucht werden (Ablauf 2):

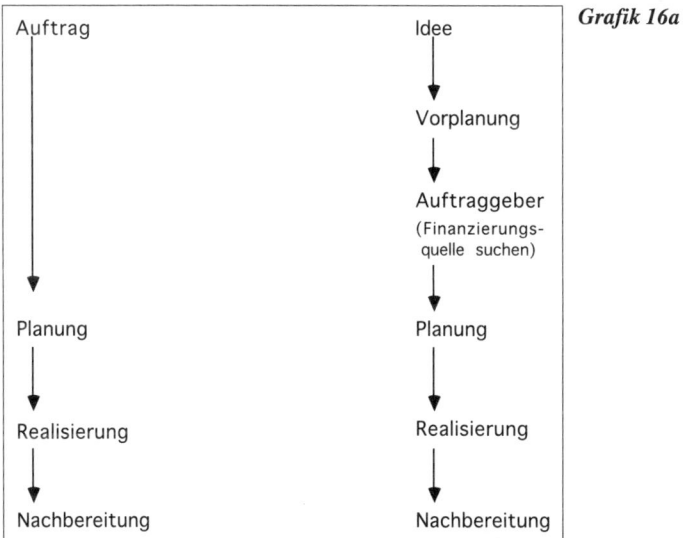

Grafik 16a

Planung bezieht sich auf ein Projekt insgesamt (Ablauf 1, Ablauf 2) wie auf die jeweils einzelne Stundenplanung innerhalb eines Projekts.

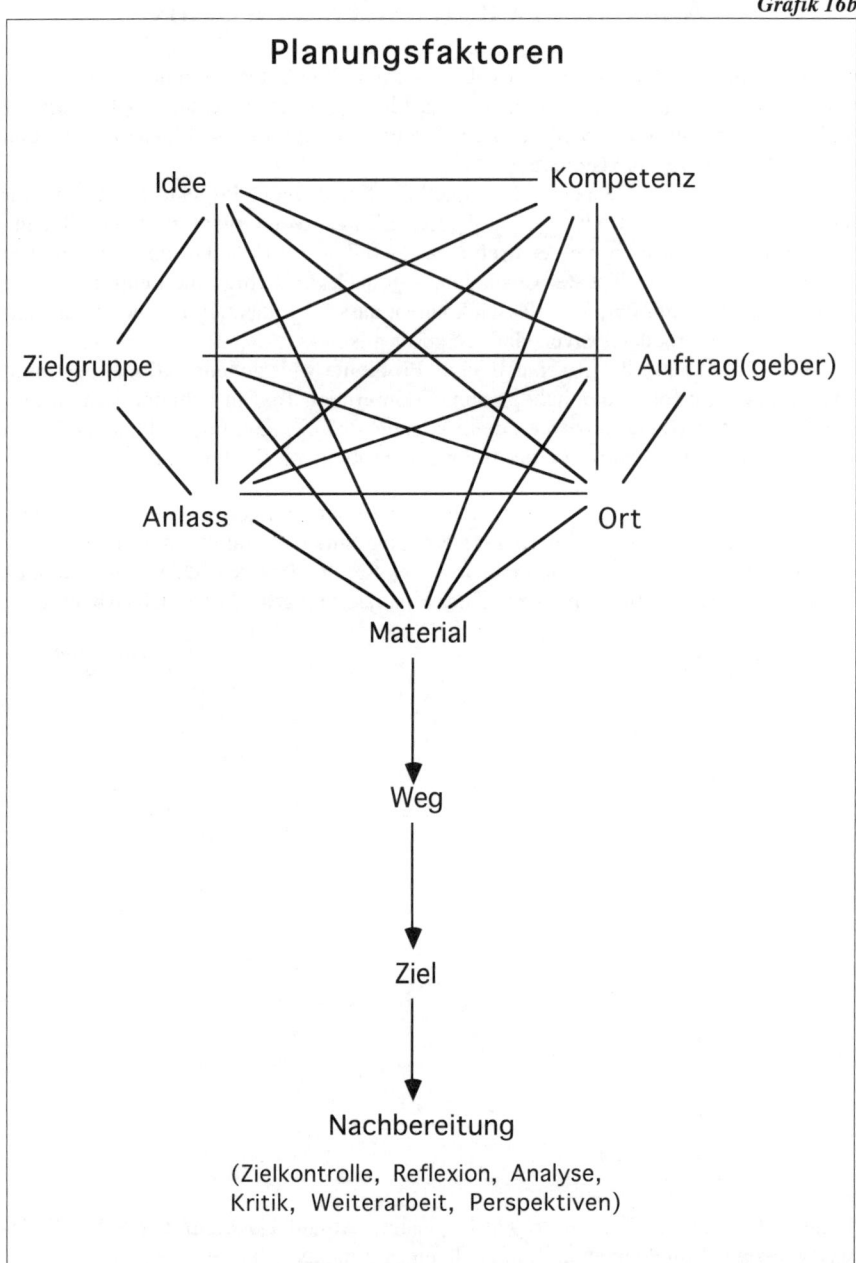

Planungsfaktoren

Idee — Kompetenz

Zielgruppe — Auftrag(geber)

Anlass — Ort

Material

Weg

Ziel

Nachbereitung

(Zielkontrolle, Reflexion, Analyse,
Kritik, Weiterarbeit, Perspektiven)

Grafik 16c

Die institutionelle Planung

Institutioneller Rahmen (z.B. Lehrplan, institutioneller Arbeitsauftrag)

Vorbereitungsphase   Idee

(im Rahmen der bisherigen Arbeit
oder neue Idee)
- eingebracht von der Leitung
- von Lehrenden
- von Teilnehmern
- vom Spiel- und
Theaterpädagogen
(Bewerbung um einen Auftrag)

Überprüfung der Ressourcen/   Überprüfung der Legitimität
des Bedarfs
Lehrkräfte
Räume
Finanzen
Teilnehmer usw.

Entscheidung
(Entscheidungsgremium)
Projekt ja oder nein

Realisierung

Grafik 16d

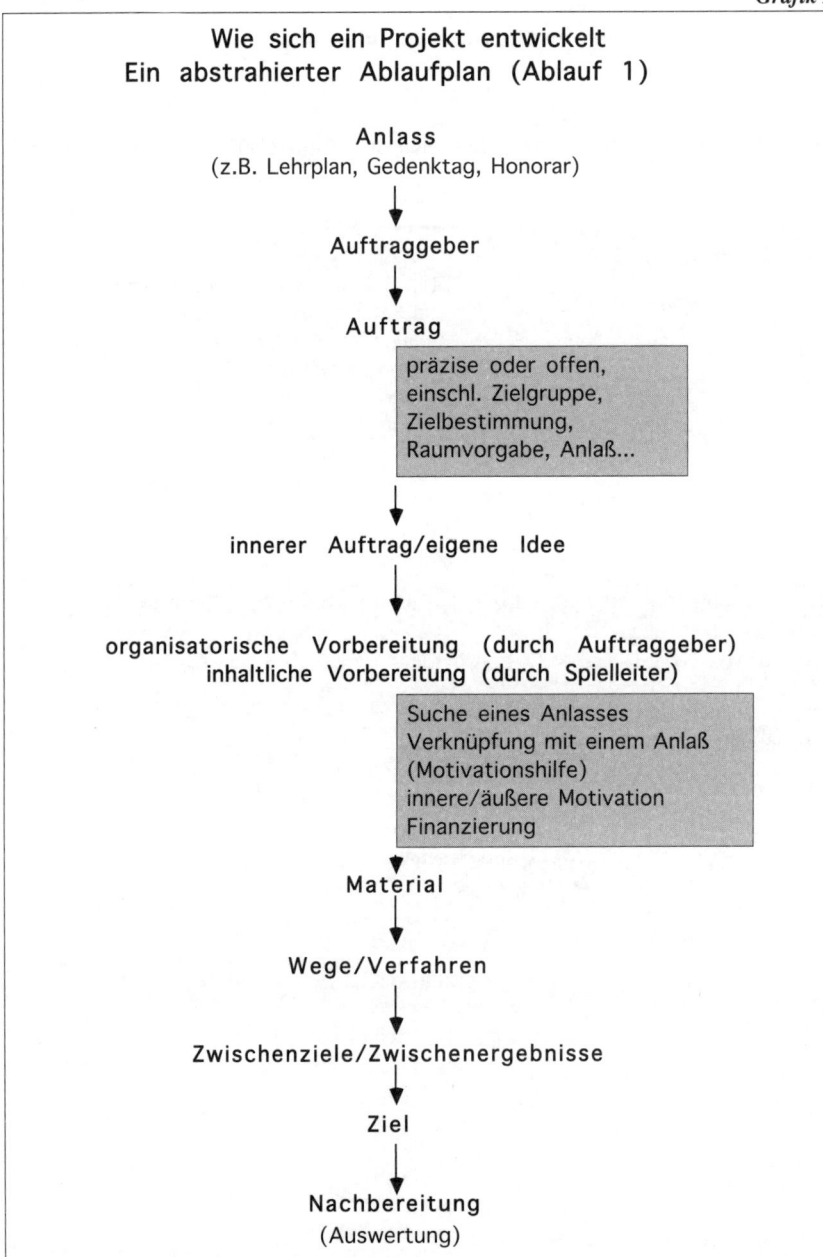

Wie sich ein Projekt entwickelt
Ein abstrahierter Ablaufplan (Ablauf 1)

Anlass
(z.B. Lehrplan, Gedenktag, Honorar)

↓

Auftraggeber

↓

Auftrag

> präzise oder offen,
> einschl. Zielgruppe,
> Zielbestimmung,
> Raumvorgabe, Anlaß...

↓

innerer Auftrag/eigene Idee

↓

organisatorische Vorbereitung (durch Auftraggeber)
inhaltliche Vorbereitung (durch Spielleiter)

> Suche eines Anlasses
> Verknüpfung mit einem Anlaß
> (Motivationshilfe)
> innere/äußere Motivation
> Finanzierung

↓

Material

↓

Wege/Verfahren

↓

Zwischenziele/Zwischenergebnisse

↓

Ziel

↓

Nachbereitung
(Auswertung)

Grafik 16e

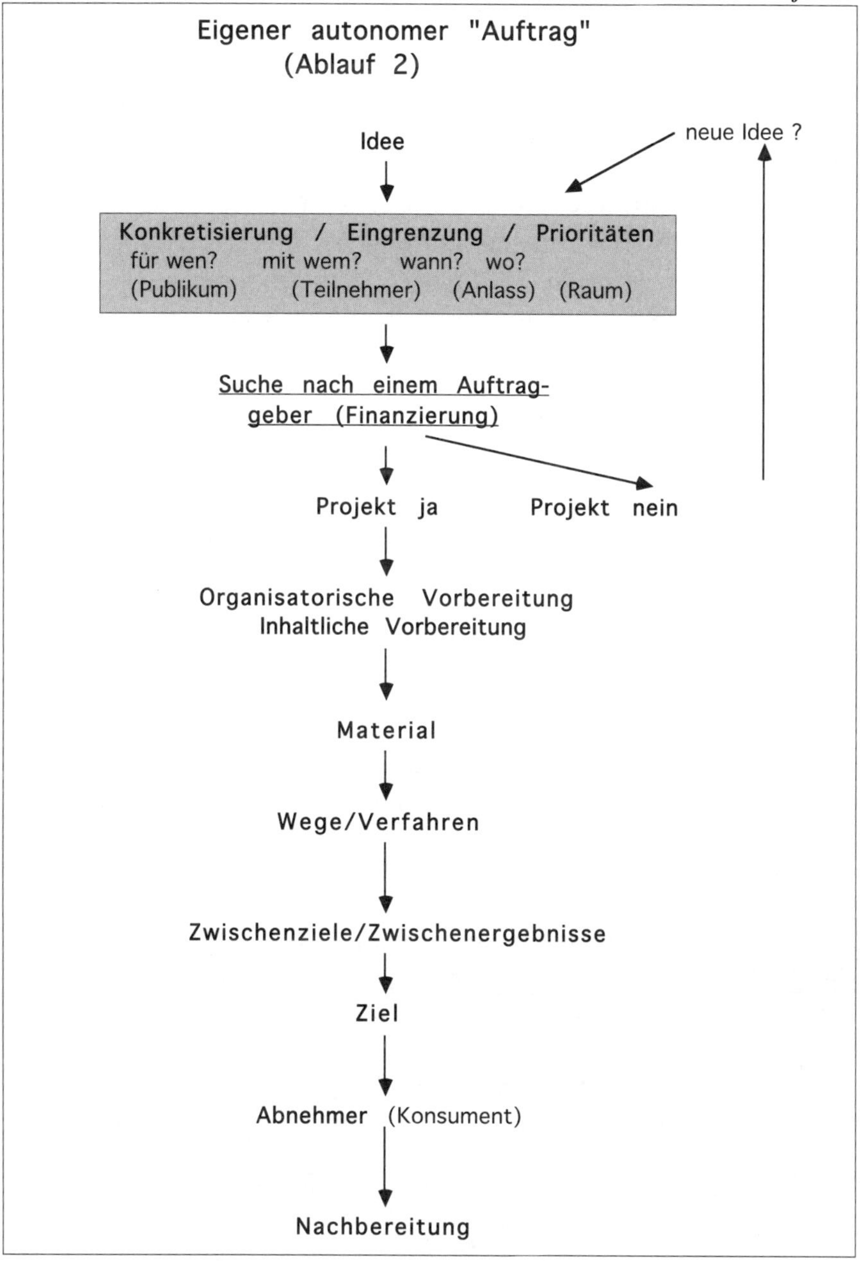

Eigener autonomer "Auftrag" (Ablauf 2)

Idee   neue Idee ?

↓

Konkretisierung / Eingrenzung / Prioritäten
für wen?   **mit wem?**   **wann?**   **wo?**
(Publikum)   (Teilnehmer)   (Anlass)   (Raum)

↓

Suche nach einem Auftrag-
geber (Finanzierung)

↓

Projekt ja   Projekt nein

↓

Organisatorische Vorbereitung
Inhaltliche Vorbereitung

↓

Material

↓

Wege/Verfahren

↓

Zwischenziele/Zwischenergebnisse

↓

Ziel

↓

Abnehmer (Konsument)

↓

Nachbereitung

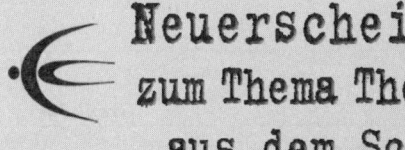